일상신학사전

일상신학사전

류호준 지음

1판 1쇄 인쇄 2013. 8. 25. | **1판 1쇄 발행** 2013. 8. 30. | **발행처** 포이에마 | **발행인** 김도완 | **등록번호** 제
300-2006-190호 | **등록일자** 2006. 10. 16. | 서울특별시 종로구 가회동 17 우편번호 110-260 | 마케
팅부 02)3668-3246, 편집부 02)730-8647, 팩시밀리 02)745-4827

값은 뒤표지에 있습니다. ISBN 978-89-97760-52-7 03230 | 독자의견 전화 02)730-8647 | 이메일
masterpiece@poiema.co.kr | 좋은 독자가 좋은 책을 만듭니다. | 포이에마는 독자 여러분의 의견에 항
상 귀를 기울이고 있습니다.

이 도서의 국립중앙도서관 출판시도서목록(CIP)은 서지정보유통지원시스템 홈페이지(http://seoji.nl.go.kr)와 국가자
료공동목록시스템(http://www.nl.go.kr/kolisnet)에서 이용하실 수 있습니다. (CIP제어번호 : CIP2013015678)

일상신학사전

앎과 삶과 믿음을 재구성하는 영혼의 낱말들

류호준 지음

포이에마
POIEMA

차례

바로 나 자신에게 묻고 답하는 시간

또 다른 날입니다. 그저 평범한 일상입니다. 지나가는 날입니다. 그 자리에 머물고 싶은 날들, 빨리 지나갔으면 하는 날들, 추억의 다락방에 차곡차곡 쌓아놓고 싶은 시간들, 얽히고설킨 상처들이 이국적 문양을 만들어내는 세월들입니다. 사람의 삶과 인류의 역사라는 게 추함과 아름다움, 영광과 굴욕, 장엄함과 신비로움, 하늘과 땅의 비대칭형적 만남입니다. 그래서 우리는 철없는 노란 병아리들처럼 물 한 모금 마시고 하늘을 올려다 봅니다. 모든 것이 하늘에서 내려오기 때문입니다. 한편 지상에는 사람들의 웃음과 울음이, 비열한 사건과 슬픈 일이, 지나치기 쉬운 물건과 깨지기 쉬운 관계가, 자연의 해맑은 모습과 기괴한 얼굴이 일정한 방향 없이 두루뭉술하게 오고 갑니다.

삶이 희로애락의 씨줄과 날줄로 자신의 독특한 문양을 이루어가는 동안, 내 삶의 동반자인 나 자신 역시 삶의 한 올 한 올을 다시금 쓰다듬고 만지작거려 봅니다. 일상의 어느 것 하나도 우연히 오고 가는 것이 없음을 느끼기 때문입니다. 신앙인으로서 우리는 우리 곁을 스쳐가는 모든 일들에서 그분의 손길을 느낍니다. 제3의 눈으로 교회와 세상과 사회와 사물을 바라보기 시작하면 모든 것들의 명암이 송

두리째 하나로 묶여 그분의 은혜가 되어 다가오는 것을 느끼게 됩니다.

이 책에 실린 글들은 '짧은 글'의 모음입니다. 길이가 짧아서 짧은 글이라 하겠지만 생각이 짧아서 짧은 글일 수도 있습니다. 페이스북, 트위터와 같은 SNS를 통해 만난 친구들과 나누었던 생각들을 한 곳에 모았습니다. 일상의 언어로 신앙의 내용을 표현하고픈 생각에 색다른 시도를 해보는 것입니다. 그렇지만 이 짧은 글들은 대부분 일상에서 만나는 사물과 사건과 사람들 속에서 느껴지는 하나님의 은혜를 신앙의 눈으로 바라보면서 나 자신에게 묻고 대답했던 것들입니다.

일상을 재료 삼아 축약된 형태로 신학과 신앙의 담론을 담았기 때문에 곱씹어서 삼켜주시기 바랍니다. 이 책을 내게 된 동기는 수십 년 전으로 올라갑니다. 그때 나는 여러 글들을 통해 프레드릭 뷰크너라는 정신적 멘토를 만났습니다. 내면의 깊이와 높이를 살펴내는 혜안과 하나님에 대한 지고한 신비를 탐구하는 그의 구도자적 신실함이 그의 아름다운 문체에 담겨 있는 것을 보고 경탄을 금할 수 없었습니다. 이 책은 그가 저술한 몇몇 책들*에 크게 영향을 받아 쓰게 되었습니다.

그의 또 다른 책의 제목처럼, 나는 내가 "반드시 의무적으로 말해야 하는 것을 말하는 사람이 아니라 내가 느끼고 경험한 것을 말하는" 사람으로 이 자리에 서 있습니다.[**] 정답과 해답을 주기 위해서가 아니라 독자들의 공감과 마음을 얻기 위해 여러분 앞에 서 있는 것입니다.

이 자리를 빌려 포이에마 출판사에 감사드립니다. 원고에 대한 그들의 깊은 이해와 지원이 아니었더라면 이 책은 햇빛을 보지 못했을 것입니다. 거친 원고를 매의 눈으로 살펴주고 화려하게 옷을 입혀주었습니다.
매일 같이 반복되는 일상에서 하나님의 영광의 흔적과 은혜의 손길을 더듬어 찾아보시기를 소원합니다.

가을이 오는 길목에서
류 호 준

---

[*] *The Alphabet of Grace*(1970), *Wishful Thinking: A Theological ABC* (1973), *Peculiar Treasures: A Biblical Who's Who*(1979), *Whistling in the Dark: An ABC Theologized*(1988).
[**] *Speak What We Feel, Not What We Ought to Say*(2004).

신앙은 여정입니다.
같은 방향으로 오랫동안 순종하며 걷는 것입니다.
똑바로 걷되 우아하게 걷는 일입니다.

일상신학사전

ㄱ

가시

살갗 밑의 가시가 더 신경 쓰이고 아픈 법
입니다. 고통은 가장 가까운 사람으로부터
오게 마련입니다.

가을 기도

가을에는 누구든 넉넉하게 경건해질 것 같
습니다. 만물이 고개를 숙이는 계절이기 때
문입니다. 가을에는 기도하게 하소서. 우
주의 중심이 어딘지 알게 하소서. 넉넉한
마음으로 저 고즈넉한 예배당에 홀로 앉아
서 봄과 여름, 가을과 겨울이 당신께 속해
있음을, 씨앗과 열매가 당신의 보살피는 손
안에 있음을 기억하게 하소서.

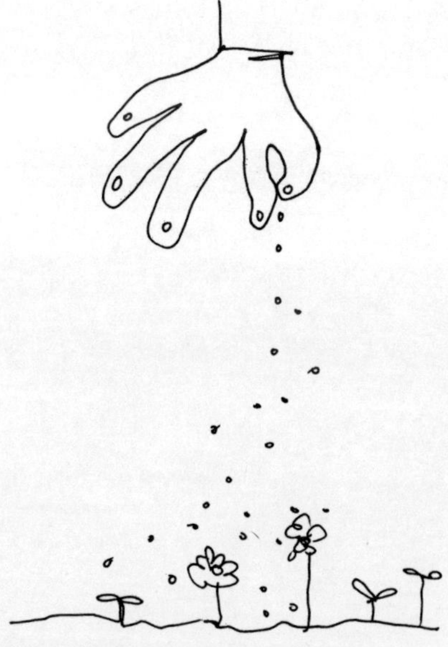

가인

가인이 살던 동네 이름을 아십니까? 유랑동, 방랑동, 유리동입니다. 그가 주민등록 신고를 한 동네 이름은 히브리어로 '놋'이었습니다(창 4:16). 그 뜻은 '소외', '유리', '유랑', '방랑'입니다. 하나님의 임재(낯)로부터 도피한 결과는 '떠돌이', '부평초', '나그네', '실향민' 신세가 되는 것입니다. 이런 의미에서 존 밀턴의 실낙원과 류호준의 실향민은 같은 개념입니다. 실향민들이 즐겨 부르는 애창곡은 〈고향이 그리워도 못 가는 신세〉입니다.

가축 본능

끝없이 펼쳐지는 아프리카 탄자니아의 세렝게티 평원에 무리 지어 달리는 들소들이 있습니다. 떼를 지어 달리는 그들을 보고 있노라면 이런 생각이 듭니다. '저 무리 뒤쪽에 죽어라고 달리는 놈들을 도대체 자기들이 지금 어디로 가고 있는지 알고 달릴까? 아니면 덮어 놓고 달릴까?' 군중은 종종 가축 본능에 따라 움직입니다. 죽기 살기로 달릴 뿐입니다. 앞장 선 사람들이 어떠하냐에 따라, 사람들이 가끔 들소 떼처럼 보일 때가 있습니다.

가치

무엇을 예배하느냐, 어떻게 예배하느냐에
따라 우리의 마음과 성격과 신념이 형성되
고 만들어집니다. 가장 가치 있다고 생각되
는 것들에 머리를 숙이고 경배하기 때문입
니다. 믿음은 예배와 기도를 통해 만들어지
고 조형됩니다. 바라고 갈망하고 추구하는
행동을 통해 그 대상에 대한 믿음이 견고해
지기 때문입니다. 하나님을 최상의 가치로
여기는 자만이 그분을 예배하고 그분께 기
도합니다.

고용주는 피고용인에게도 가정과 자녀와 같은 소중하고 귀중한 사적 영역이 있다는 것을 기억해야 합니다. 피고용인들의 생애와 삶은 오로지 고용주의 사업을 위해서 존재하는 것이 아니라는 사실을 고용주는 명심해야 합니다. 인간적 경영, 윤리적 경영, 가치 경영을 하려면 말입니다. 갑이 횡포할 때 을은 눈물을 흘립니다. 한국의 기업 풍토는 마치 "오너의, 오너에 의한, 오너를 위한" 기업인 듯합니다.

감사

일제 강점기에 활동했던 김익두 목사님은 "예수 천당"이란 구호를 외치며 전도하다 일본 경찰에 잡혔습니다. 일본 순사가 다그치며 핍박하면 할수록 그는 "예수 천당"을 외쳤습니다. 참다못한 일본 순사가 그 이유를 물었는데, 김익두 목사님의 대답이 걸작이었습니다. "[복음이] 내 목까지 가득 찼습니다. 나를 흔들수록 목구멍은 계속해서 노래할 것입니다." 물이 주전자 목까지 끓어오를 때에도 주전자 뚜껑은 계속해서 노래합니다. "항상 기뻐하라. … 범사에 감사하라. 이것이 그리스도 예수 안에서 너희를 향하신 하나님의 뜻이니라"(살전 5:16, 18).

감정
노동

물론 겹치는 부분이 있겠지만 육체노동, 정신노동, 감정노동 중에 어느 것이 가장 힘들까요? 공사판이나 공장이나 밭에서 일하는 것과 책상이나 교실에서 일하는 것과 상처 입은 사람들, 성격 장애자를 대하는 일 등… 노동력에 편차가 있을까요?

개척

교회를 개척하려는 목사나 전도사들 중에 교회당을 준비하는 것을 교회를 세우는 것과 동일하다고 생각하는 사람이 있다면 그건 큰 착각입니다. 교회를 세운다는 것은 길을 잃어버린 양들을 우리로 데리고 오는 것입니다. 종교 사업가가 되는 것이 목회의 길은 아니기 때문입니다.

개천절

하늘이 열린 날이라 開天節! 성경의 묵시론자들은 모두 개천절을 경험했던 사람들입니다! 구약의 에스겔과 신약의 사도 요한은 하늘이 열리는 날에 절망하던 사람들에게 현란한 희망의 메시지를 전하였다지요. 한국의 에스겔과 사도 요한은 누굴까요? 목회자들이 그런 역할을 해야 하는 것 아닙니까?

거절

손을 내밀어 누군가에게 악수를 청했습니다. 박정하게도 손을 펴지 않습니다. 당황스러워 손을 거둬들입니다. 하나님이 손을 내밀어 악수를 청하십니다. 그러나 우리는 찬바람을 일으키며 휙 돌아섭니다. 그때 하나님의 손은 얼마나 무색했을까요?

거지 떼

주일에 강단에 모여든 크리스천들은 거룩한 거지 떼입니다. 찬밥 더운밥 가리지 않고, 주인의 상에서 떨어진 부스러기라도 얻어먹겠다는 절박한 심정으로 우리 주님의 만찬 상에 둘러앉습니다. "상 아래 개들도 아이들이 먹던 부스러기를 먹나이다"(막 7:28).

거짓말

거짓말은 일단 시작되면 관성의 법칙에 따라 자체적인 운동력을 갖습니다. 관성에 속도가 붙기 시작하면 주위에 어슴푸레 숨어 있던 동종의 다른 거짓말들까지 다발로 휩쓸어가며 거대한 속력을 내게 됩니다. 마치 토네이도의 중심에 무중력 상태가 발생하여 그 주위에 있는 모든 물체를 빨아 공중으로 올리는 것과 같은 이치입니다. 거짓말의 파괴력은 너무도 강력한 나머지 순식간에 도덕적 진공상태, 윤리의 무중력 상황을 창조합니다.

걱정

살면서 힘든 일이 생길 때 염려와 걱정을 붙잡아 매십시오. 걱정과 염려를 그대로 놓아두면, 그놈들은 누룩과 같이 삶의 트러블을 실제의 크기보다 더 부풀려 숨 막히게 만듭니다. 걱정은 주변의 신선한 공기를 모조리 빼앗아 결국 죽음에 이르게 합니다.

걸음

똑바로 걷되 우아하게 걸으세요. 기技가 예
藝로 승화되는 날까지.

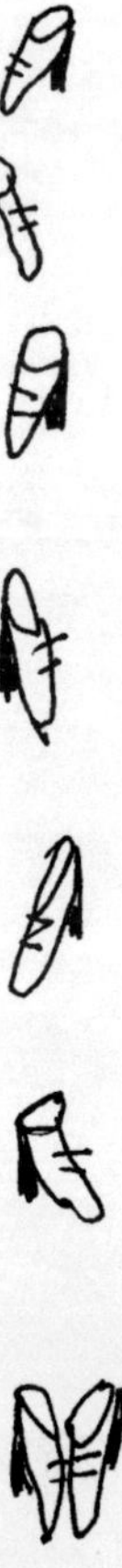

겨울

"보이는 것이 전부가 아닙니다"라는 말이
가슴 깊이 파고드는 계절입니다.

견딤

인생은 견딤이라는 경기장에 서 있는 것과 같습니다. 그러나 어떤 일이 일어나도 반드시 지나가게 되어 있습니다. 이 또한 지나가리라! 끝까지 견디는 자가 구원을 얻을 것입니다(마 24:13).

견인

참 크리스천들은 이 세상에서 시달리기는 해도 휘둘리지는 않을 것입니다. 왜냐하면 그분이 그들을 업고 가시기 때문입니다.

견인
교리

'성도의 견인堅忍'에 관한 교리가 배교를 제외하지는 않습니다. 즉 성도의 견인 교리를 믿는다는 것이 성도는 결코 배교할 수 없다는 것을 말하는 것은 아니라는 말입니다. 그렇다면 성도의 견인 교리는 "하나님의 보존하시는 능력은 결코 실패하지 않는다." 다시 말해 "하나님의 보존하시는 능력은 그의 자녀를 결코 포기하지 않는다"라는 크리스천 한 개인의 신앙을 표현하는 문구입니다.

결정

하나님은 우리에게 삶은 달걀을 주시지 않았습니다. 그분은 언제나 방금 나온 신선한 달걀을 우리 손안에 맡기십니다. 스크램블, 반숙, 완숙, 계란찜, 계란말이 중에서 어떤 요리를 할지는 당신이 선택해야 합니다.

겸손

목회자와 신학자와 신학생들이여, 자기를 버리는 겸손으로, 만나는 모든 사람을 향한 친절로 그리스도의 성품을 가꾸어 가십시오. 교만과 무정과 허세는 그대들의 검은 예복에는 어울리는지 몰라도 양을 돌보는 목자에겐 광대 옷이나 다름없습니다.

경건

분주한 하루 일과를 마치고 적막한 교회 예배당에서 저녁 기도를 드립니다. 기다렸다는 듯이 서쪽 하늘 석양의 후광이 붉게 비출 때, 나는 진지한 경건함 속에서 옷깃을 여밉니다.

경직

젊어서는 간혹 의분義憤 때문에 사고의 유연성을 놓치기 쉽고 나이를 먹어서는 욕심(권력욕, 명예욕, 재물욕 등) 때문에 영적 청력과 시력을 상실하는 경우가 있습니다. 혈관이든 몸이든 도로든 수도관이든 조직이든 생각이든 경직되면 치명적 상태에 이르게 됩니다.

경화

크리스천들에게는 어떤 종류의 성공이든
성공에 대한 세속적 집념이 강해질수록 사
고의 혈관은 경화硬化되고 결국 도덕적 붕
괴로 이어집니다.

계절

우연찮게 연구실 창문 밖을 바라보았습니다. 아주 가까운 수풀 언덕 위 창공으로 고추잠자리가 떼를 지어 유유하게 떠다닙니다. 빛바랜 추억의 앨범을 열어보는 기분입니다. 신기한 풍경입니다. 가을이 저만치 코너를 돌고 있다는 소식인가 봅니다. 여름과 겨울, 봄철과 가을의 순환은, 세상이 아직도 하나님의 신실하심의 우산 아래 있음을 알려줍니다. 태양과 달과 별들이 그 순환의 코스를 따라 움직이는 것 역시 창조주의 성실하심을 드러내고 있습니다. "여호와의 인자와 긍휼이 무궁하시므로 우리가 진멸되지 아니함이니이다. 이것들이 새로우니 주의 성실하심이 크시도소이다"(애 3:22-23).

고국

외국에 사는 한국 사람들이나 유학생들은 스스로 임명한 그 나라의 대변인들이나 되는 양 생각하고 말하곤 합니다. 다른 나라의 교포들이나 유학생들을 만나 누군가 자기가 살고 있는 나라에 대해 뭐라고 하면 얼굴색이 확 바뀌면서 기분 나빠합니다. 참 이상한 현상입니다. 모두 자기 나라가 아닌데도 그렇습니다. 그렇다면 세상이라 불리는 이방 땅에 살면서 얼마나 많은 그리스도인들이 자기의 '본국'에 대한 자긍심을 갖고 살고 있을까요. 별로 없는 것 같아 씁쓸합니다. 우리는 이 땅에 사는 외국인 거주자들입니다. 우리의 시민권은 하늘에 있기 때문입니다. "우리의 시민권은 하늘에 있는지라. 거기로부터 구원하는 자 곧 주 예수 그리스도를 기다리노니"(빌 3:20).

고난의 신학

고린도의 열성분자 교인들은 '영광의 신학'을 추구했지만 우리의 영원한 사도 바울은 '십자가의 신학'을 추구하자고 권면했습니다. 마르틴 루터가 잘 표현했듯이 모든 진정한 신학은 '십자가의 지혜'입니다.

고소해

"도둑이 제 발 저린다"는 말이 있습니다. 어떤 멘트나 글을 읽고 자기 보고 하는 말인 줄 알고 펄쩍 뛰는 인간들이 있습니다. 그 글이나 멘트가 자기 보고 하는 말인 줄 알았으면 회개하거나 고치면 될 것이지 눈이 벌게져서 입에 거품을 물고 고소하겠다는 것을 보면 참으로 불쌍하다 못해 서글퍼지기까지 합니다. 요지경 세상입니다. 성경을 읽고선 하나님을 고소하는 자가 없으니, 그럼 이건 다행인지요. 성경은 우리의 치부를 드러내고 고발합니다. 그 말에 분노를 느끼고 하나님께 반항하는 인간이 있는가 하면 자기의 행실을 고치고 회개하는 사람들이 있습니다. 바로처럼 강퍅한 마음이 되지 않기를 기도해야 합니다.

고스톱

하나님은 고스톱go-stop의 탁월한 스승이십니다. 하나님이 들고 계신 패는 언제나 이기는 패입니다. 문제는 누구도 그분의 패를 읽을 수 없다는 것입니다. 오로지 신뢰하고 순종하는 길밖에 다른 길이 없습니다. 그분은 이스라엘 백성들에게 광야 40년 동안 "가다 서다"의 원리를 가르치셨습니다. 우리가 그분의 패대로만 한다면 광야에서도 제대로 견딜 수 있을 것입니다. 아쉽게도 이스라엘 백성은 하나님의 고스톱을 헛배웠습니다. 제2의 이스라엘로 오신 예수께서 40일간의 광야 길로 들어서서 하나님의 말씀에 대한 순종을 통해 하나님의 패를 읽으셨습니다. 예수를 따르는 자들은 고스톱의 달인들이어야 합니다.

고전 읽기

젊은이들이여, 긴 호흡을 하고 고전을 읽으십시오. 신학도들이여, 숨을 크게 들이쉬고 고전 중의 고전인 성경을 읽으십시오. 느리게 그러나 한 구절 한 구절 깊게 눌러서 읽으십시오. 육즙이 입안 가득하도록 그렇게 성경의 진수를 맛보십시오. 제발 덮어놓고 읽지 마십시오.

고정별

슬픔과 비통은 뒤만 돌아보고, 걱정과 염려는 주위만 둘러보고, 믿음과 신뢰는 위를 바라봅니다. 눈을 들어 하늘의 고정별을 쳐다보십시오. "오직 여호와를 앙망하는 자는 새 힘을 얻으리니 독수리가 날개를 치며 올라감 같을 것이요. 달음박질하여도 곤비하지 아니하겠고 걸어가도 피곤하지 아니하리로다"(사 40:31).

고집

왜 젊어서는 잘 배우려 들지 않을까요? 왜 나이가 들면 자꾸만 고집이 생길까요? 젊은 날에는 잘 배우고, 나이 들어서는 경직되지 않는 사고의 유연성을 가지면 좋겠습니다.

고침
단명

사자성어에 '고침단명'이란 말이 있습니다. 그런데 두 가지 종류의 고침단명이 있다는 사실을 아는지요. 다음의 두 가지 선택 중에 하나를 골라잡으세요. (1) 고침단명高枕短命, 베개를 높이 베고 자면 일찍 죽는다. (2) 고침단명孤枕短命, 외롭게 혼자 베개를 베고 자면 일찍 죽는다. 요즈음 사회적 이슈로 떠오른 고독사孤獨死입니다. 주위 배려나 돌봄이 없이 혼자 세상을 떠나는 독거노인들을 기억하십시오.

고통

고통스러워 한다는 것은 지금 내가 살아 있다는 것을 가장 확실하게 보여주는 증거입니다. 살아 있는 사람만이 고통스러워 하기 때문입니다. 동시에 자신의 고통은 타인의 고통을 바라볼 수 있는 창문이 됩니다. 고통은 몸으로 습득하는 것이지 머리로 배우는 것이 아닙니다. 십자가는 인간의 고통을 들여다 보는 하나님의 창문입니다.

공공성

미국의 대학들은 주립州立대학과 사립私立대학로 나뉩니다. 교회도 마찬가지입니다. 주립主立교회와 사립私立교회가 있습니다. 주립교회만이 진짜 교회고 사립교회는 짝퉁교회입니다. 교회가 사교화私教化되면 피치 못하게 사교화邪教化됩니다. 교회는 언제나 주님이 세우신 공교회公教會로 머물러 있어야 합니다.

공교회

우리는 예배를 통해 온 세계에 있는 그리스도의 제자들의 대열에 합류합니다. 우리는 주일마다 그 대열에 합류하여 죽음을 패배시키셨던 그리스도께서 우리에게 새로운 삶, 싱싱한 삶, 가슴 벅찬 삶을 주신다는 사실을 공적으로 확증합니다.

공동체

기도하는 분들 가운데, '이 교회는…', '이 나라는…' 이라고 하는 분들이 있습니다. 듣기 거북합니다. 자기는 그 공동체의 일원이 아닌 양 말입니다. '우리 교회는…', '우리나라는…' 이라면 얼마나 좋을까요? 바리새인의 기도와 세리의 기도 사이의 차이가 아닐까 싶습니다. "나는 이 세리와도 같지 아니함을 감사하나이다"(눅 18:11).

공부

상당수의 신학생들이 종교적 열정은 있지만 정직하고 진지하게 공부하는 일에는 아주 느슨한 것 같습니다. 참 안타까운 현실입니다. 진리에 대한 진솔한 추구와 영혼에 대한 깊은 애정보다는 자아도취적이고 종교적인 열정에 만족하려는 행태는 미래 한국 교회의 불안한 징조가 됩니다.

공존

성부 하나님, 성자 하나님, 성령 하나님은 제각기 독방에 살지 않습니다. 그들은 각자만의 골방에 살지 않습니다. 그들은 외로움과 유리와 고독의 성 안에 사는 불행한 영주들이 아닙니다. 그들은 서로에게로 나아가고 서로를 받아들입니다. 그들은 신적 사회를 이루며 살고 계십니다. 이 점에서 교회 공동체는 삼위일체 하나님의 존재 방식을 본받아야 합니다.

공평

습하고 무더운 여름의 제습기는 가을이고,
건조하고 추운 겨울의 가습기는 봄입니다.
인생에는 제습기와 가습기가 모두 필요합
니다.

과정

왜 사느냐 묻거든 이에 대한 대답은 다음 세 가지 명제와 관련이 있습니다. (1) 나의 존재 의미는 목적지향적이다. (2) 나의 존재 의미는 과정 속에서 발견할 수 있다. (3) 나의 존재 의미는 목표지향적이다. 셋 중에 하나를 고르십시오. 잊기 쉬운 명제는 두 번째 것입니다. 목적중심적, 목표지향적 사회에선 과정 중에 예기치 않게 다가오는 일상의 수많은 아름다움을 놓치기 쉽습니다. 이것보다 더 불행하게 사는 길은 없습니다.

관록

왜 나이를 먹을수록, 왜 교회생활을 오래할
수록 사람들은 복음의 '불편한 진실'에 익
숙하거나 무감각해질까요? 순진성을 상실
한 관록과 노련함이 영혼을 좀 먹고 있다는
사실에 눈이 가려져 있다면 이보다 더 큰
불행이 어디 있을까요. 겉사람은 시들어도
속사람은 날마다 새로워져야 하는 것 아닌
가요?

관찰자

페이스북의 세계에도 '조용한 관찰자들'
이 있듯이 나와 당신의 내면세계, 그리고
인류의 역사를 들여다 보시며 저울질하시
는 '침묵의 관찰자'가 있다는 사실에 소스
라치곤 합니다.

교육

선생님 된 분들이여, 무엇인가를 가르치려 들지 말고 가리키려 하십시오. 그리고 가리키는 곳에 대해 이야기를 들려주십시오. 그것이 진정한 의미에서 가르치는 것입니다. '이야기'를 잃어버린 사회처럼 각박하고 비인간적인 사회는 더 없습니다.

교육계

비록 사학私學일지라도 대학의 교수들은
재단이사회를 쳐다보며 일하는 자들이 아
니라 학생들을 쳐다보며 일하는 자들이 되
어야 합니다. 일부 정치적인 교수들 가운데
는 자신의 영달을 위해 위험한 고공 줄타기
를 하는 사람들이 있지만 그것이 교육자 됨
의 본질과 상충된다는 것 정도는 알아야 합
니다. 인술을 베풀기 위해서 의사가 되는
것이지 축재하기 위해 그 길에 들어서지 않
은 것과 같은 이치입니다. 배움에 목마른
제자들을 향한 깊은 연민의 정을 느끼는 선
생들이 있을 때 교육은 제자리를 찾을 것입
니다. 사학이든 공학이든 모두 교육의 공공
성과 재정의 투명성과 인사의 공정성이라
는 잣대에서 면제되지 않아야 합니다.

교회의 사명

교회의 사명은 이 세상에서 그리스도의 왕국의 실체와 약속을 제시하고 대표하는 것입니다. 이 목적을 추구하기 위해 교회는 복음을 들고 구원받지 못한 사람들을 향해 가고, 복음을 받아들인 사람들을 양육함으로써 세상과 유익이 되는 관계를 깊게 맺게 됩니다.

구심점

각 사람의 마음 안에는 칸막이 방이 있고, 각 방마다 영주가 앉아 있어 우리의 충성을 배타적으로 요구합니다. 이리하여 사고와 성격의 균열이 생깁니다. "주님! 우리 안에 오셔서 칸막이들을 부수고 천하 통일하옵소서. 당신만이 우리 삶의 구심점이옵니다"(엡 1:10 참고).

구원

빛을 다시 찾았다는 의미의 광복절과 죽음의 심판이 지나갔다는 의미의 유월절은 여러 면에서 공통점이 있습니다. '어두움에서 빛으로', '폭정에서 자유로', '억압에서 해방으로', '노예에서 자유민으로', '죽음에서 생명으로' 옮겨졌다는 뜻입니다. 결국 구원이란 국적이 바뀌었고 섬기던 주군이 바뀌었다는 것을 의미합니다. "하나님이 우리를 흑암의 권세에서 건져내어 당신의 사랑하는 아들의 나라로 옮기셨습니다" (골 1:12-13 참고).

구원자

험한 산길을 걷다가 실수로 절벽에서 떨어
진다면 구원자가 그 밑에서 여러분을 받으
려고 기다리고 있다는 사실도 기억하십시
오. 우리의 구세주께서 여러분을 발견할 수
없을 만큼, 우리의 구주께서 여러분을 끄집
어 올릴 수 없을 만큼 깊은 천 길 낭떠러지
는 없습니다.

권력

"천국에서 종이 되느니 지옥에서 왕이 되겠다." C. S. 루이스의 말은 세속정치를 두고 한 말이 아니라 교단이나 교회 그리고 영적 내면세계에서 일어나는 권력욕과 지배욕과 군림욕을 빗대어 하는 말인 것 같습니다.

국민성

다음의 문구들은 국민성을 표현한 말들입니다. 다음 중 대한민국 국민의 보편적 성향을 드러내는 것은 어느 것입니까? (1) "나만 잘 살면 돼!" (2) "다른 사람에게 피해를 주면 안 돼!" (3) "다른 사람을 도우면서 살아야 돼!" 번호 순서대로 진보했으면 좋겠습니다.

귀
기울임

한 권의 책을 읽고 또 읽어 백번 정도 읽으면 그 뜻이 스스로 드러난다고 합니다. 이와 같이 성경이 스스로 말할 때까지 귀를 기울여 그 음성을 들을 수 있을 때까지 인내하며 기다리십시오. 그때까지 입을 열지 마십시오. 눈으로 보십시오. 귀로 들으십시오.

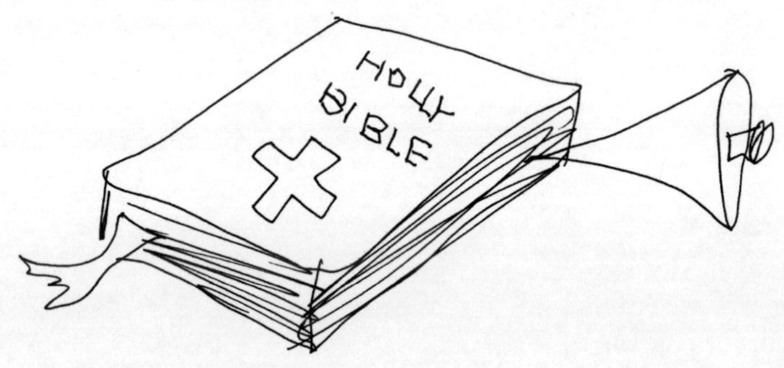

귀소
본능

바다로 내려간 치어稚魚 연어는 몇 년 후 다시 모천母川으로 돌아옵니다. 귀향의 여정은 언제나 위험하고 험난합니다. 어머니 냇가, 자기가 태어난 곳에서 산란하고 죽습니다. 일명 귀소본능이라 하는 것입니다. 크리스천들 역시 죽을힘을 다해 세상의 역류를 거슬러 그분의 품으로 돌아와야 합니다. 그곳에서 영원한 생명이 시작되기 때문입니다.

그림자

모든 것에는 어둔 그림자가 있게 마련입니다. 장미에 가시가 있는 것처럼요. 가을 연인들의 로망인 은행나무는 어떤가요? 은행나무 잎이 노랑으로 채색되면 가을의 넉넉함과 깊숙함으로 들어갑니다. 그러나 들어갈수록 냄새 역시 진동합니다. 무슨 냄새일까요? 세상에는 어두운 그림자가 없는 큰 나무는 없을까요? "그는… 회전하는 그림자도 없으시니라"(약 1:17).

그분의 의도

소명의 문제에서 "내가 어떻게 여기까지 왔는지", "내 삶에 어떤 극적 드라마가 있었는지"와 같은 자기 이야기는 전혀 중요하지 않습니다. 나의 간절한 바람을 하나님의 소명이라고 생각한다면 더더욱 위험한 착각입니다. 소명의 핵심은 나를 부르신 그분의 의도와 목적, 즉 나에게 주어진 그분의 사명이 무엇인지에 초점을 맞추는 데 있어야 합니다.

극단

분노는 분노하는 자신을 불태울 뿐입니다. 열정은 때론 마음까지 태워버립니다.

기경

겨우내 얼어붙어 굳어진 땅을 갈아엎습니다. 큼직한 흙덩어리들은 곡괭이로 자잘하게 깨부숩니다. 평평하고 고르게 밭을 일구어 씨앗을 뿌립니다. 이른 비 늦은 비가 적절히 내리고 따사로운 햇살에 알갱이만 한 씨앗에 움이 트기 시작합니다. 무거운 대지를 머리로 들추며 파릇한 새순이 겸손히 얼굴을 내밉니다. 마음 밭을 갈아엎어야 할 시간인 것을 자연에서 배웁니다. 성령의 단비가 내리기를 소원합니다. 나무에 새순 돋듯이 마음에도 새살이 돋겠지요. "너희가 자기를 위하여 공의를 심고 인애를 거두라. 너희 묵은 땅을 기경하라. 지금이 곧 여호와를 찾을 때니 마침내 여호와께서 오사 공의를 비처럼 너희에게 내리시리라"(호 10:12).

기도와 선물

기도는 하나님 앞에 우리의 손을 내밀어 펴는 것입니다. 우리의 손을 움켜쥐게 하는 긴박한 긴장을 푸는 것입니다. 움켜쥔 손을 펴고 마지막 동전을 내놓는 것입니다. 우리가 가장 애지중지하며 붙잡고 있는 것을 하나님께 내놓는 것입니다. 우리의 생명과 삶은 우리가 보호해야 할 소유물이 아니라 누군가로부터 받아야 할 선물로 바라보는 것이기 때문입니다.

기도의 열매

우리가 하는 기도엔 크리스천의 삶에 능동적이고 변혁적인 열매를 수반하는 특질이 있어야 합니다. 하나님은 기도의 열매를 요구하시기 때문입니다. 그러므로 기도는 그저 언어나 말이나 방식에 관한 것 이상이어야 합니다. 통성기도든 합심기도든 무릎을 꿇고 하는 기도든 조용히 읊조리듯 하는 기도든 손을 들고 하는 기도든 새벽에 하는 기도든 저녁에 하는 기도든, 이런 기도의 방식에 관한 문제는 중요하지 않습니다. 그런 기도는 고통받는 이웃들을 섬기는 것보다 훨씬 쉬울 수 있습니다.

기득권

라이벌이었던 바리새파 사람들과 사두개파 사람들이 유월절 즈음에 의기투합하여 예수를 잡아 죽이려 하였습니다. 이유는 자신들의 기득권이 흔들리는 것에 대한 두려움 때문이었습니다. 전자는 종교적 기반이, 후자는 정치적 기반이 흔들리는 것을 견딜 수 없어 했습니다. 때론 먹고 사는 문제가 이념이나 정책이나 신념이나 철학보다 앞선다는 사실을 보여줍니다. 야합이란 이런 일을 일컫는 불미스런 용어입니다.

기수
서열

우리나라에 로스쿨이 도입되면서 검사배출도 두 트랙으로 나오게 되었습니다. 연수원 출신 검사와 로스쿨 출신 검사가 나옵니다. 근데 로스쿨 검사의 임용이 연수원 출신 검사보다 2개월 늦어지는 데서 문제가 발생한답니다. 2개월을 두고 선후배로 나누는 기수 논쟁이 벌어진 것입니다. 임용 기수 논쟁을 보면서 정말 한심하다는 생각이 들었습니다. 그들이 신경을 곤두세우는 이유는 나중에 진급할 때 서열과 기수가 중요한 요건이 되기 때문이라고 합니다. 서열과 기수를 목숨 걸고 따지는 검찰 법원의 조직 특성상 이후 출세가도에 영향을 끼치는 핵심 사안이 되기 때문이라고 합니다. 우리나라에서 나이 따지고 기수 따지고 학연 따지고 지연 따지는 행태는 도무지 버릴 수 없는 선천적 악성 유전자일까요? 새로운 검찰총장이 들어서면 그보다 위의 기수나 고참 들이 줄줄이 옷을 벗고 사직서를 쓰는 모습을 보면서 한숨이 나오는 건 왜일까요?

기습

미국 합동특수작전사령관인 윌리엄 맥레이븐에 의하면, 대테러 특수전의 성공을 위해서는 다음과 같은 요소가 있어야 한답니다. (1) 간결 (2) 보안 유지 (3) 반복 훈련 (4) 전광석화 같은 기습 (5) 신속성과 치밀성 (6) 분명한 목표. 테러의 귀재인 마귀군단과의 특수전투에 한번 적용해보면 어떨까요?

기억

국회 인사청문회에 자주 등장하는 키워드는 '기억'입니다. 공직후보자들 가운데 치매환자들이 많아서인지는 몰라도 "기억이 나지 않는다"라는 대답이 단골메뉴입니다. 크리스천들 가운데도 하나님과의 약속과 언약을 기억하지 못하는 사람들이 꽤 많습니다. 기억상실에 빠지지 않기 위해 우리는 정규적으로 교회에 모여 말씀을 듣고 성례를 거행하는 것입니다. 하나님께서 예수 그리스도를 통하여 하신 위대한 사건을 기억하기 위함입니다. "이것을 행하여 나를 기념하라"(눅 22:19; 고전 11:24). 무엇보다 하나님의 청문회가 열리는 날이 있다는 사실을 기억하고 살아야겠습니다!

기적

한적한 여름 아침이었습니다. 15센티도 안 되는 작은 새 한마리가 지붕에서 급강하해 잔디로 사뿐히 내려앉았습니다. 잔디에 있던 풀벌레 하나가 공중으로 펄쩍 날자 작은 새는 1미터 가량 점프해 공중에서 낚아챈 후 다시 잔디로 착륙합니다. 신선한 아침 기적의 광경이었습니다. 주위를 살펴보면 일상 안에는 신비롭고 기적 같은 일들이 산재해 있습니다.

기회

우사인 볼트가 대구에서 열린 세계 육상경기에서 단 한 번의 부정출발로 실격을 당했습니다. 수천 킬로미터를 날아와 참석한 경기였습니다. 천만다행으로 하나님은 우리 죄인들에게 두 번째 기회를 주십니다. 고마울 뿐입니다. 그러나 하나님의 은혜를 남용하지는 마십시오. "은혜를 더하게 하려고 죄에 거하겠느냐. 그럴 수 없느니라. 죄에 대하여 죽은 우리가 어찌 그 가운데 더 살리요"(롬 6:1-2).

토요일에 주일을 준비하고 지내는 크리스천들이 얼마나 될까요? 목마른 사슴처럼 주님을 사모하는 그리움으로 가득한 순백의 크리스천 말입니다. 기대와 설렘으로 마음 졸이는 토요일이기를 바랍니다. 내일은 역사 속으로 돌입한, 신비롭고 상상을 초월한 부활의 아침이 밝아오는 날이기 때문입니다. 성금요일과 부활절 일요일 사이에 끼어 있는 토요일이 무료함과 애매함으로 가득한 긴 하루가 아니기를 바랍니다. "내 영혼이 하나님 곧 살아 계시는 하나님을 갈망하나니 내가 어느 때에 나아가 하나님의 얼굴을 뵈올까"(시 42편 참고).

길 위에

한동안 나는 물리적으로 서울과 천안 사이 어디엔가 있었습니다. 집은 서울이었지만 직장은 천안이었습니다. '사이에 있는 사람', '길 위에 있는 사람'이었습니다. 세상 속에 살고 있는 크리스천들의 정체성일 수도 있겠다 싶습니다. 누가복음의 상당 부분은 일명 '여행 내러티브'(9:51-19:46)로 구성되어 있는데, 여기서 예수는 길 위에 있는 분으로 묘사됩니다. 나중에 예수는 자신을 가리켜 '길'이라고 하였습니다. 초기 기독교인들 역시 '그 길(道)을 따르는 사람들'(행 9:2)이라 불렸습니다. 오늘도 한길 가는 순례자의 심정으로 나에게 주어진 길을 걸어가야 합니다.

까마귀

엘리야는 하나님의 말씀을 우습게 여기는 아합에게 수년 동안 비도 이슬도 없을 것이라고 선언합니다. 그리고 요단 앞 그릿 시냇가에 숨어 지냅니다. 하나님은 까마귀들을 보내어 엘리야에게 양식을 공급해주셨습니다. "까마귀들이 아침에도 떡과 고기를, 저녁에도 떡과 고기를 가져왔다"(왕상 17:6). 기적을 체험하는 피난처에서의 삶이었습니다. 그런 기적에 익숙해지면서 점차 엘리야는 우리처럼 이렇게 기도했을 것 같습니다. "하나님, 이왕이면 입이 엄청나게 큰 까마귀들을 보내주세요!" 이게 우리의 기도는 아닌지 모르겠습니다.

일상신학사전
ㄴ

나귀

모압 왕 발락의 요청으로 이스라엘을 저주하라는 부탁을 받은 메소포타미아의 용한 마술사 발람의 이야기에 나귀가 등장합니다(민 22장). 이 내러티브를 읽는 독자들은 '말하는 나귀'보다 '보는 나귀'에 관심과 초점을 맞추어야 합니다. 눈이 있어도 보지 못하는 눈뜬 맹인들에 대한 경고문이기 때문입니다.

나름

예수의 이름 뜻은 '구원자'입니다. 그러나 구원자 예수도 예수 나름입니다. 바라바 예수도 있고 그리스도 예수도 있습니다(마 27:17). 구원은 바라바 예수가 아니라 그리스도 예수로부터 옵니다.

예수의 이름 뜻은 '구원자'입니다. 그러나 구원자 예수도 예수 나름입니다. 바라바 예수도 있고 그리스도 예수도 있습니다(마 27:17). 구원은 바라바 예수가 아니라 그리스도 예수로부터 옵니다.

나사렛 인들

강단에서 바라본 설교자 예수와 가까이서 바라본 설교자 예수가 전혀 다르다는 생각이 드는 순간 나사렛 사람들은 예수를 배척했습니다. 그들은 메시지보다 메신저에 관심이 많았습니다. 외모와 학벌과 재능과 프로그램에 몰입하는 한국 교회는 정작 예수를 알아볼 수 없게 될 것입니다. 그들은 나사렛 사람들처럼 예수를 혈과 육의 눈으로 보기 때문입니다(막 6:1-3).

나이

나이를 먹는다는 것은 늙어간다는 것일까요, 자라간다는 것일까요? 후자이기를 소원합니다. 백발은 지혜를 축적했다는 상징입니다. 지혜는 백발을 통해 옵니다. 그러나 백발이라고 해서 반드시 지혜로운 것만은 아니라는 사실을 기억해야 합니다. 지혜로운 백발은 오직 바르고 곧고 의로운 삶을 통해서만 얻어지기 때문입니다(잠 16:31).

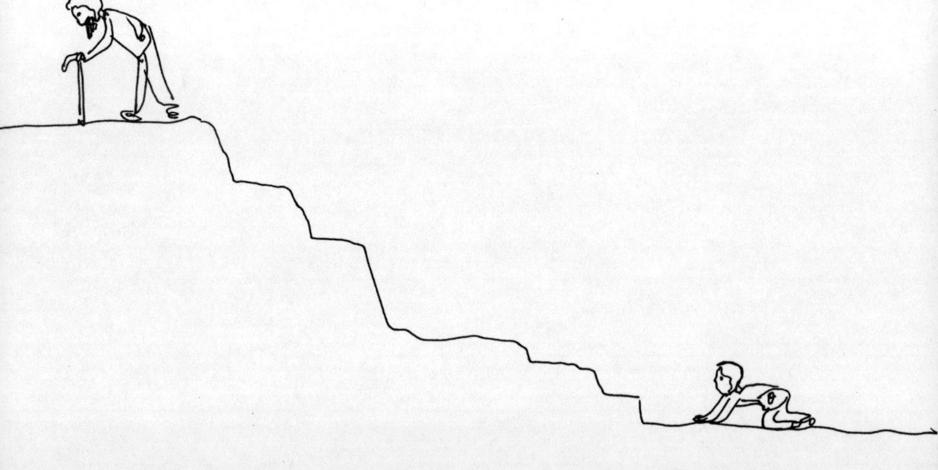

나트륨

앞으로 수천 년이 지나면 고고학자들은 한국에서 가장 많은 미라들을 발굴할 것입니다. 시신이 가장 잘 보존된 상태로 남아 있을 것이기 때문입니다. 이유는 간단합니다. 대한민국 국민들은 일인당 세계 최고치의 나트륨을 먹어치우기 때문입니다. 라면 국물, 김치, 겉절이, 찌개, 나물무침, 간장, 된장 등등. 국가적으로 해결해야할 먹거리 문화입니다.

낙심

깨진 유리 조각을 모아 멋진 채색 스테인 글라스를 만드는 것도 매우 흥미로운 일입니다. 비록 깨진 삶이라도 하나둘씩 모아 강렬한 태양을 통과시켜 프리즘을 만들어 안온한 무지개 채색 무늬를 만들어낼 수 있을 겁니다. 결코 낙심하지 마세요.

낙타의 눈

교만은 낙타의 눈과 같아 항상 눈을 내리깔고 내려다 봅니다. 그러니 교만한 사람은 하늘을 볼 수 없습니다. 그는 하나님이 그를 내려다 보고 있다는 사실을 볼 수 없습니다. 교만은 모든 죄들의 어머니입니다.

낭비

4백 명의 지성인이 한 시간 동안 저명하다고 알려진 사람의 무의미한 강연을 들었다면 시간적으로 17일을 물에 흘려보낸 것과 같습니다.

내려놓음

지중해연안과 소아시아 지방을 미친 듯이 헤집고 다녔던 사람 바울! 무엇이 그로 하여금 그런 삶을 살게 하였을까? 그 어느 것으로도 빼앗을 수 없는 복음에 대한 열정 때문이었습니다. 부활하신 메시아를 만난 다메섹의 경험은 그로 하여금 목숨도 체면도 지식도 학벌도, 모든 것도 다 내려놓게 하였습니다.

내민 손

하나님은 여러 번 하늘에서 땅을 향해 긴 손을 내미셨습니다. 그러나 박정하게도 땅의 인간들은 하나님이 내미신 손을 무색하게 만들었습니다. 창피를 당하시고도 하나님은 다시 손을 내밀어 악수를 청했습니다. 그러나 사람들은 길게 내민 하나님의 손바닥에 대못을 박았습니다. 이처럼 그의 사랑은 언제나 취약적인 사랑이었습니다.

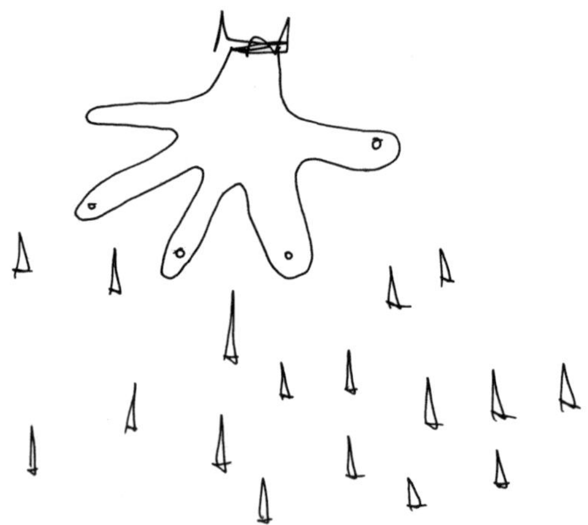

내일

우리는 '내일'에 관한 두 세계를 왔다 갔다 합니다. 긴장감과 균형감을 잃지 않아야 합니다. 두 개의 축은 이렇습니다. (1) "내일은 없을 거야!" (2) "내일은 또 다른 날이야!" 첫 번째 문구는 열 처녀 비유에, 두 번째 문구는 돌아온 탕자 비유에 적합한 문구입니다.

너털웃음

힘을 과시하며 우쭐대는 인간 군상을 보면서 하늘 보좌에 앉아 계신 천상의 대왕께서 "홍, 놀고 있군!"이라 하시며 너털웃음을 지으십니다(시 2:4). 힘의 논리를 숭배하는 이 세상에 대해 넉넉하게 비웃을 줄 아는 사람만이 진정한 의미에서 신앙인입니다.

놀라움

유별났던 여름에 우리는 가을이 올 것 같지 않다고 생각했습니다. 그런데 갑작스레 가을이 소매 깊숙이 파고듭니다. 세상살이에는 이처럼 예기치 못한 즐거움이 있어 그런대로 살 만합니다. 예기치 못한 작은 기쁨이 그들에게도 있었으면 합니다. _암 투병 중인 친구들을 생각하며.

눈물

"모든 눈물을 그 눈에서 닦아 주시리니"(계 21:4). 장차 이 땅에 새 하늘이 도래하게 될 때 이 세상에서 흘렸던 눈물을 주님께서 닦아 주시겠다는 약속의 말씀입니다. 그래야 합니다. 우리는 이 세상에서 얼마나 많은 눈물이 흐르고 있는지 잘 알기 때문입니다. 그러기에 언젠가는 모든 눈물을 닦아주신다는 주님의 말씀이 얼마나 고맙고 힘이 되는지 모르겠습니다. 문제는 닦아줄 눈물을 '모든all 눈물'이라고 하는 것과 '각 방울마다 모두every'라고 하는 것에는 상당한 의미의 차이가 있다는 것입니다. 모든 눈물이 다 똑같은 눈물은 아닐 것입니다. 그러므로 그분께서 모든 눈물을 닦아주시겠다고 할 때 모든 눈물을 동일하게 여기신다는 뜻은 아닙니다. 모두 도매금으로 눈물을 처리해주신다는 뜻도 아닙니다. 흘리는 눈물마다 사연이 있고 눈물의 농도가 다르기 때문입니다. 그러기에 그분이 우리가 흘린 눈물을 닦아주신다고 하셨을 때 그 약속이 새롭게 가슴에 다가오는 것입니다.

눈물과 무지개

비가 없이는 무지개도 없습니다. 주차장에
패인 자그마한 웅덩이에 고인 더러운 기름
물 위에도 오색 무지개가 아롱입니다. 슬픈
눈물 너머로 찬란한 무지개가 보이기를 소
원합니다.

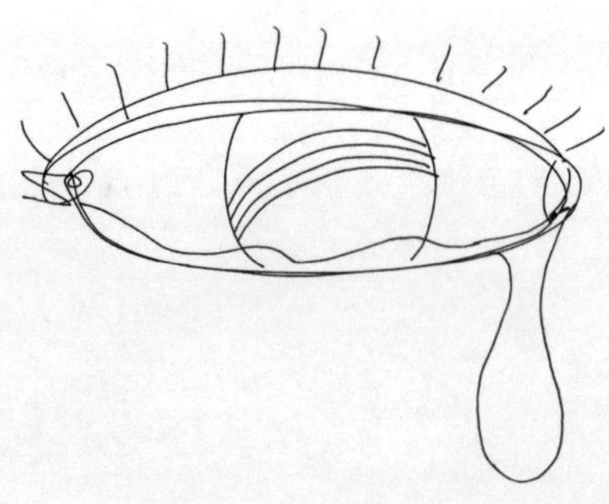

눈물과 빵

눈물과 함께 빵을 먹어보지 않은 사람은 삶의 의미를 말할 자격이 없다고 했던가? 그래서 눈물은 아래로 흐르고 수저는 위로 올라가나 봅니다. 고난의 떡을 먹어본 사람만이 생명의 소중함을 절감합니다. "주께서 그들에게 눈물의 양식을 먹이시며 많은 눈물을 마시게 하셨나이다"(시 80:5).

늘림

어느 잡지에 실린 글을 보았습니다. 무려 10페이지에 걸친 긴 글이었습니다. 읽는데 너무 짜증이 났습니다. 길어서가 아니었습니다. 중언부언이었기 때문입니다. 2페이지 정도면 충분히 쓰고도 남을 말을 엿가락 늘리듯, 고무줄 잡아당기듯 늘여놓았기 때문이었습니다. 왜 그랬을까? 독자들의 눈높이를 생각해서 친절하게 설명하다보니 그랬을까? 했던 말을 하고 또 하는 노파심 때문일까? 아니면 최악의 경우를 상상하자면 원고료를 좀 더 받으려는 속셈일까? 기도 또한 그러합니다. 길게 한다고 해서 많이 하는 것은 아닙니다. 오히려 중언부언이 되기도 합니다. 말씀드려야 할 말의 핵심을 정확하고 간절하게 표현하는 것이 올바르게 하는 기도입니다. 기도는 길이의 문제가 아닙니다. 길이의 문제라고 생각하니까 질질 끌면서 늘리는 것입니다. 기도는 간절함과 진심에서 출발해야 합니다.

일상신학사전
|

ㄷ

다리와 담

성령은 가시는 곳마다 다리를 놓으시지만 마귀는 가는 곳마다 담을 쌓는 일을 합니다. 하나님의 자녀와 마귀의 자식은 이것으로 알아봅니다. 열매를 보면 그 나무를 알 수 있습니다. "나무는 각각 그 열매로 아나니 가시나무에서 무화과를, 또는 찔레에서 포도를 따지 못하느니라"(눅 6:44). "나무도 좋고 열매도 좋다 하든지 나무도 좋지 않고 열매도 좋지 않다 하든지 하라. 그 열매로 나무를 아느니라"(마 12:33).

달리기

목회자들이 교인들에게 각종 종교적 달리기를 시켜 교인들 간에 등수를 매기는 일이 있다면 그 의도와는 상관없이 결과적으로 그리스도의 몸인 교회를 분열시키는 죄를 짓게 됩니다. 종교 지도자들인 바리새인들이 각종 규례와 규정과 해야 할 것과 하지 말아야 할 것의 목록을 평신도들의 어깨에 무겁게 부과한 것과 다를 바가 없습니다. "수고하고 무거운 짐을 진 자들아, 다 내게로 오라"고 하신 예수님의 말씀이 새롭게 들려오는 아침입니다.

대략
난감

오디오 시대에서 비디오 시대로 바뀐 지 오래된 것 같습니다. 라디오보다 텔레비전 시대입니다. '듣기'보다 '보기'를 우선시 하는 시대입니다. 복음은 듣는 것입니까, 보는 것입니까? 관중은 있는데 청중은 없는 시대가 되었습니다. 고민스럽습니다. "믿음은 들음에서 나며 들음은 그리스도의 말씀으로 말미암았느니라"(롬 10:17).

대림절

누군가 포인세티아를 가져왔습니다. 크리스마스가 저만치 담장 모퉁이를 막 숨 가쁘게 돌아서 오고 있다는 소식입니다. 성탄절은 우리가 바라는 것들이 이루어지기를 기대하는 날이 아니라 저만큼 오시는 하나님을 설렘으로 기다리는 계절입니다.

대 속죄일

구약에서 대제사장이 일 년에 한차례 대 속죄일에 지성소에 들어가는 것은 이스라엘의 영원한 왕이신 하나님의 면전에 들어가는 것을 상징합니다. 이와 같이 예수 그리스도께서 승천하신 것은 만왕의 왕으로서 하늘 보좌에 등극하여 하나님 면전에 들어가는 것을 상징합니다. 대제사장이 지성소 안에서 이스라엘의 죄를 속죄하기 위해 분주히 일을 할 때마다 대제사장의 의복에 달린 방울이 소리를 내듯이, 하늘 보좌로 등극하신 예수님께서 부지런히 우리를 위해 기도하고 계시는 소리가 여러분의 귀에 들리십니까? "그러므로 우리에게 큰 대제사장이 계시니 승천하신 이 곧 하나님의 아들 예수시라. … 우리에게 있는 대제사장은 우리의 연약함을 동정하지 못하실 이가 아니요. 모든 일에 우리와 똑같이 시험을 받으신 이로되 죄는 없으시니라. 그러므로 우리는 긍휼하심을 받고 때를 따라 돕는 은혜를 얻기 위하여 은혜의 보좌 앞에 담대히 나아갈 것이니라"(히 4:14-16).

대이동

민족 대이동이 시작되는 추석에는 보통 '고향 가는 길', '귀향', '아버지의 집' 등과 같은 중요 주제로 설교를 하는데, 대부분 고향으로 가버려 교회당에 사람들이 별로 없습니다!

대인과 소인

대선 패배의 책임은 전적으로 자신에게 있다는 문재인 의원의 말은 한국 정치권에선 결코 하기 쉬운 발언이 아닙니다. 쓰러진 사자의 옆구리나 찔러대는 한국 정치판의 악습은 대대로 내려오는 악성 유전인자인가요? 살아 있는 권력 앞에선 꼼짝 못하는 사람들도 마찬가지겠지만!

더 큰 것

목사들이나 신학자들은 각 교회나 신학교의 성공 목표나 특정 이념의 구현을 위해 일하는 대신에 하나님나라의 가치 실현에 진력해야 합니다. 그 나라의 중요한 가치는 정의와 공의입니다. 정의와 공의의 궁극적 목표는 '샬롬 나라' 건설에 있습니다.

갓 태어난 손자에게 속삭인 말. "마귀의 본업은 벽을 쌓는 일이고 성령이 하시는 일은 다리를 놓은 일이란다! 평생 다리를 건설하는 사람이 되어라. 무지개 다리를…."

덧없음

새도 새 나름이겠지요. 새장의 새와 창공을 나는 새는 달라도 아주 다릅니다. 누구는 나는 새고 누구는 갇힌 새고. 전도서 *Qoheleth* 버전으로 "세상은 불공평해, 덧없어, 부조리야, 모순투성이야!" 그래도 마음과 영혼만은 자유로웠으면 좋겠습니다.

덮개

"용서는 분노를 덮어씁니다." 컴퓨터 문서 작업 용어로 말하자면 용서는 '덮어쓰기'입니다. 일 년에 한 차례 이스라엘의 대제사장은 지성소 안으로 들어갑니다. 그 날이 대 속죄일입니다. 그곳에 들어가 백성들과 자신의 죄를 속贖합니다. 제물을 바치고 죄를 면제받는 예식입니다. 속죄가 시행되는 그곳을 가리켜 지성소 혹은 시은소施恩所라 부릅니다. '은혜가 베풀어지는 곳'이란 뜻입니다. 흥미로운 사실은 시은소로 번역된 히브리어 *capphoreth* 본뜻은 '덮다 *caphar*'는 동사에서 나온 명사로 문자적으로 번역하면 '덮개'입니다. 속죄는 더러운 죄를 덮는 것입니다. 이것을 은혜라 부릅니다. 은혜는 덮어쓰기입니다!

도덕 지수

정치인들과 종교인(목회자)들 가운데 누구의 도덕 지수가 더 높을까요? 대답을 듣는 일이 괴롭고 민망스럽습니다. 대부분의 그리스도인들도 그 결과를 알고 있기 때문입니다. 사실 정치 지도자들이나 종교 지도자들은 사회를 이끌어가고 지탱해주는 두 개의 기둥과 같습니다. 그러나 그들은 부패와 탐욕과 무책임의 유혹에서 자유롭지 못하였습니다. "예루살렘 안에 있는 대신들은 으르렁거리는 사자들이다. 재판관들은 이튿날 아침까지 남기지 않고 먹어 치우는 저녁 이리 떼다. 예언자들은 거만하며 믿을 수 없는 자들이고, 제사장들은 성소나 더럽히며 율법을 범하는 자들이다"(습 3:3-4, 새번역). 물가지수 경제지표보다 더 민감해야 할 지표는 도덕 지수입니다.

도약

신앙이란 물증 없이 믿는다는 것이 아니라, 전폭적으로 신뢰한다는 것입니다. 캄캄한 곳 어디선가 "애야, 아빠다. 뛰어내려라. 내가 붙잡아 안을게"라는 소리에 눈을 딱 감고 뛰어내리는 어린 딸과 출렁거리는 바닷물 위에 힘차게 발을 내딛었던 베드로는 쇠렌 키르케고르가 말한 신앙의 도약을 하고 있는 것입니다.

독서
지도

감각적인 것들에만 관심을 갖지 말고, 자기 계발서 정도의 글에만 길들여지지 말고, 고뇌하고 고민하고 생각하게 만드는 글을 읽으십시오. 씹을 거리가 있는 글들 말입니다. 반드시 긴 글일 필요는 없습니다. 씹을수록 맛깔 나는 생각들을 취하십시오.

독선

마주 달려오는 차를 보는 순간 내가 일방통행로에 들어섰다는 사실을 알게 됩니다. 선善이라도 일방통행이면 독선獨善입니다. 선善이라도 가면을 쓰면 위선僞善입니다. 그리고 그런 독선과 위선은 마침내 독을 품은 독선毒善이 됩니다.

독자
반응
비판

교회나 사회에 대해 예언자적 설교를 하면 "맞습니다, 맞고요" 하며 흥분을 하거나 기분 좋아하면서도 정작 자신을 향한 하나님의 말씀으로 듣지 않는 삐딱한 사람들이 있습니다. 많은 경우 잘못된 비판정신으로 충만한 사람들이 그렇습니다. 독자반응비평의 극단적 예입니다.

시편에는 탄식시가 가장 많은 분량을 차지합니다. 이유야 분명합니다. 우리 모두 분당分堂에 살고 있기 때문입니다. 그런데 문제는 대부분의 시편 독자들은 탄식하는 희생자와 자신을 동일시하며 '은혜(카타르시스)'를 받는다는 것입니다. 누구도 자신을 가해자로 생각하지 않는다는 것입니다. 모두가 희생자요 피해자라면 도대체 누가 가해자란 말입니까? 자기중심성은 언제나 타인의 고통을 가중시킵니다.

동굴

동굴 속에 숨어 있던 엘리야에게 하나님은 "종교적 아집과 독선, 자기 연민의 동굴 속에서 나와 내가 너에게 부여하는 일상의 삶 속에서 다양한 소명을 바라보라"고 하십니다. 우리도 가서 다른 사람들에게 향유를 붓고 축복하고 용기를 주고 기도하고 편지를 쓰고 전화를 걸어야 하는 것 아닌가요.

동성애

어떤 사람들은 태어날 때부터 동성애적 성향을 갖고 있습니다. 우리는 이 점을 인정해야 합니다. 일그러진 세상에 나타난 기형적 결과들입니다. 그러나 그렇다고 그들의 지속적인 행위가 보장받는 것은 아닙니다. 교회는 그들도 그리스도의 자녀로서 교회 안으로 받아들일 준비가 되어 있어야 한다고 저는 생각합니다.

동행

이슬비 내리는 이른 아침에 성부 성자 성령 세 분이 빨강 파랑 노랑 우산을 쓰고 어디론가 사이좋게 걸어가십니다. 보기에 아주 좋았습니다. 신학에선 이것을 '사회적 삼위일체'라 부릅니다.

두려움

2차 세계대전 당시 독일의 폭격기 공습에 두려워하던 영국 국민에게 "평정심을 유지하고 하던 일을 계속하십시오"라고 격려했던 포스터의 문구와 바로의 철병거의 맹렬한 추격과 홍해의 시퍼런 물살 앞에서 두려워하던 이스라엘 백성들에게 "너희는 두려워하지 말고 가만히 서서 여호와께서 오늘 너희를 위하여 행하시는 구원을 보라"라고 하던 모세의 외침(출 14:13)은 오늘날 두려움의 시대에 살고 있는 우리에게도 동일하게 가슴을 파고드는 말이 되었습니다.

뒷담화

일본어 '아다마あたま'는 '머리'고, '다마たま'는 '구슬'입니다. 뒷담화는 뒷다마를 치는 것입니다. 구슬치기하는 것입니다. 번역하자면 뒤통수를 치는 것입니다. 아주 좋지 않은 습관인 셈입니다. 미국 서부개척 시대에 총잡이들도 절대로 뒤에서 상대방을 쏘진 않았다고 합니다. 그것은 가장 비열하고 비겁한 짓이기 때문입니다. 뒷담화가 다른 사람의 뒷(아)다마를 치는 일이 되어서는 안 되겠지요.

드라마

성경의 대하 서사는 "옛날 옛적 먼 옛날에"로 시작해 "아주 행복하게 살았더래요"로 끝을 맺습니다. 이것이 창조에서 종말로 이어지는 성경 대하 드라마의 줄거리입니다.

들풀

무더운 여름이 끝날 때가 되면 우리는 인생이 들의 풀과 같다는 사실을 배웁니다. 비와 바람에 흔들리는 풀과 같은 인생, 예측하지 못한 일과 사건들에 의해 쓰러지고 납작해지는 풀과 같은 인생이라는 것을 배웁니다. 인생의 단명성은 우리의 선생님입니다. "모든 육체는 풀이요. 그의 모든 아름다움은 들의 꽃과 같으니 풀은 마르고 꽃이 시듦은 여호와의 기운이 그 위에 붊이라. 이 백성은 실로 풀이로다. 풀은 마르고 꽃은 시드나 우리 하나님의 말씀은 영원히 서리라 하라"(사 40:6-8).

디딤돌

과거는 족쇄가 아니라 구름판(도약대)입니다. 후회와 아쉬움과 죄책감의 깊은 동굴에서 벗어나 눈앞에 전개되는 탁 트인 초원과 구릉과 대평원을 보십시오. 잊고 싶은 과거는 창공을 항해 비상하는 행글라이더의 구름판으로 삼으십시오. "나는 아직 내가 잡은 줄로 여기지 아니하고 오직 한 일 즉 뒤에 있는 것은 잊어버리고 앞에 있는 것을 잡으려고 달려가노라"(빌 3:13).

일상신학사전

ㄹ

라이벌

우리 속에는 항상 두 라이벌이 끊임없이 다투고 있습니다. 브닌나와 한나, 레아와 라헬, 사라와 하갈, 미갈과 밧세바가 한 집에 살고 있습니다. 두 여자를 데리고 한 지붕 밑에서 평화롭게 살기가 만만치 않습니다. 언제쯤 가정에 진정한 평화(샬롬)가 올까요? 우리가 풀어야 할 평생의 숙제입니다. 우리 속엔 우리가 너무 많이 있습니다. "아, 나는 비참한 사람입니다. 누가 이 죽음의 몸에서 나를 건져 주겠습니까"(롬 7:24, 새번역).

리드

피리의 리드reed 안에는 좁게 갈라진 틈, 텅 빈 공간이 있습니다. 그런 리드에겐 단 한 가지 목적만이 있습니다. 피리 부는 사람의 호흡을 받아들여 그 사람 마음 안에 있는 노래를 뱉어내는 것입니다. 가난한 마음, 텅 빈 마음, 비천한 마음을 가진 사람이 그러합니다. 하나님의 거룩한 영(호흡)을 받아들여 그분의 마음속에 있는 노래를 송축하는 리드이기를 소원합니다.

링컨의 연설

1863년 11월 19일 미국 펜실베니아 주 게티스버그에선 남북전쟁의 전몰자를 기념하는 묘지봉헌식이 열렸습니다. 링컨은 이때 한 게티스버그 연설로 유명해졌지요. 그러나 정작 주제 연설자는 하버드 총장을 지낸 에드워드 에버렛이었습니다. 그는 2시간에 걸친 긴 연설을 하였습니다. 축사하러 온 링컨은 겨우 2분 만에 266개 단어로 연설을 마쳤습니다. 분명하고 명확하고 간결하고 가슴 깊이 새겨진 명연설이 되었습니다. 촌철살인의 2-3분의 연설이 중언부언하는 2-3시간의 장황한 연설보다 얼마나 위대한 힘이 있는지! 어디 연설뿐입니까? 설교, 기도, 찬송도 그러하지 않겠습니까!

일상신학사전

|

ㅁ

마리아

예배란 그분의 발 앞으로 의자를 바싹 끌어 당겨 앉아 턱을 괴고 그분이 말씀하는 것을 듣는 것입니다. 예수께서 마르다보다 마리아를 칭찬하신 이유입니다. "마리아는 주의 발치에 앉아 그의 말씀을 듣더니… 예수께서 이르시기를 마리아는 이 좋은 편을 택하였으니 빼앗기지 아니하리라 하시더라"(눅 10:39, 42). 예배보다 교회 봉사를 교회 본연의 사명인 줄 잘못 알고 있는 한국 교회는 그래서 마리아보다 마르다를 선호하고 추천하나 봅니다. 부디 우선순위가 뒤바뀌지 않기를 바랍니다.

마무리

설교가 길면 짜증스럽겠지만, 설교 시간에 '마지막으로~', '끝으로~', '종말로~'를 자주 사용하는 설교자는 사도 바울로부터 위로를 받기를 바랍니다. 이런 문구를 즐겨 사용한 원조는 사도 바울이기 때문입니다 (엡 6:10; 살전 4:1; 살후 3:1; 빌 3:1, 4:8; 고후 13:11 참고).

마음

학자들은 자기의 생각을 전달하지만 작가
들은 자기의 마음을 보여줍니다.

마음의 습관

일단 마음이 닫히거나 굳어지면 어떤 말도 자기 방식대로 해석합니다. 마음의 경화硬化는 가속도가 붙어 결국 파멸에 이릅니다. 바로의 강퍅해진 마음은 자신이 불러들인 불행입니다. 주님, 살과 같이 부드러운 마음을 주옵소서. "또 새 영을 너희 속에 두고 새 마음을 너희에게 주되 너희 육신에서 굳은 마음을 제거하고 부드러운 마음을 줄 것이며"(겔 36:26).

마지막 언덕

우리가 하나님을 신뢰하는 이유는 우리가 그분의 현존과 임재를 항상 느끼고 경험하기 때문이 아닙니다. 우리가 하나님을 신뢰하는 이유는 심지어 그분이 안 계시는 것처럼 보일 때에라도 그분 외에 우리가 기댈만한 곳이 이 세상 어느 곳에도 없다는 걸 알기 때문입니다. 이것이 신뢰이자 믿음의 본질입니다.

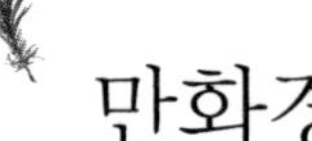

만화경

요즈음 요지경瑤池鏡을 끼고 심야에 방영되는 개그 프로그램을 보고 있습니다. 제목은 〈웃기네〉입니다. 그런데 전혀 안 웃깁니다. 그래서 더 웃깁니다. 현실이 텔레비전 프로그램보다 더 웃긴다는 말입니다.

막장

희망이 없으면 막 삽니다. 막장 인생이라
부릅니다. 그렇기에 더욱 희망은 살아야 할
이유가 됩니다.

희망이 없으면 막 삽니다. 막장 인생이라
부릅니다. 그렇기에 더욱 희망은 살아야 할
이유가 됩니다.

맞는
사람

결점과 하자 그리고 부실하기 그지없는 삶의 터널을 통과하면서 다윗은 하나님을 향한 마음을 만들어갑니다. "내가 이새의 아들 다윗을 만나니 내 마음에 맞는 사람이라. 내 뜻을 다 이루리라"(행 13:22). 하나님과 함께 만들어가는 다윗의 인생 이야기 안에서 여러분도 자신만의 이야기를 발견할 수 있기를 바랍니다.

맡김

얽히고설킨 삶의 실타래를 하나님의 손안에 맡기는 일보다 더 큰 위로는 없습니다. 그분께서 기막힌 솜씨로 꼼꼼하게 그 실타래를 풀어주실 것을 믿습니다. 물론 어떤 실타래 풀기는 예상보다 더 긴 시간을 필요로 할지 모릅니다. 그래서 인내와 함께 믿음을 요구합니다. "네 짐을 여호와께 맡기라. 그가 너를 붙드시리라"(시 55:22).

매듭 짓기

대나무는 삶의 지혜를 가르쳐주는 현자賢者입니다. 적당한 때가 되면 매듭짓기를 하는 대나무 말입니다. 사람도 살다 보면 매듭을 지어야 할 때가 있습니다. 그러나 문제는 언제 어떻게 매듭을 지어야 할까 하는 것입니다. "주님, 지혜를 주소서." 마디가 굵은 대나무여, 천년만년 영원하여라!

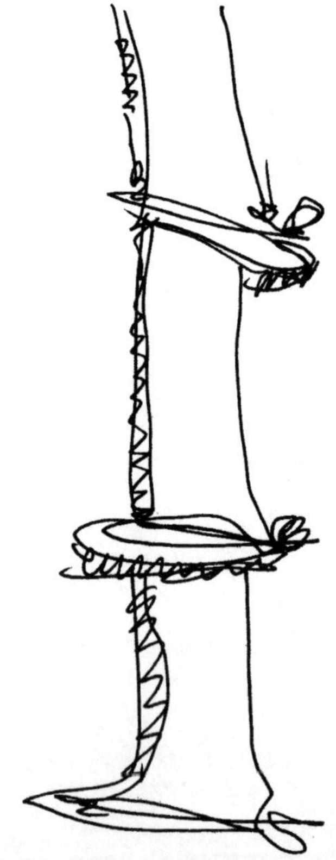

맥주병

첫째 아담은 탁월한 수영선수이고 둘째 아담은 맥주병입니다. 세례란 먼저 죽는 일이고 그 다음에 살아나는 일입니다. 그리스도인들은 날마다 세례 연습을 해야 합니다. 첫 번째 아담은 아무리 물속에 처넣어도 죽지 않고 다시 헤엄쳐 살아나오기 때문입니다. 그러나 그리스도는 자발적 순종을 통해 물속에서 온전히 죽으셨습니다. 완전히 맥주병이셨던 것입니다. 그러자 하나님은 그를 일으키셨습니다.

맹목적 신앙

배움이 신앙의 전부는 아니지만 신앙의 중요한 부분은 배움입니다. 열정적인 신앙을 주장하는 사람들 중 다수가 반지성적인 성향으로 나가는 것은 참으로 아쉬운 일입니다. 덮어놓고 믿는 유형의 신자들입니다. 맹목적 신앙입니다. 이제 기독교 신앙을 대변하는 캔터베리의 안셀무스의 중요한 문구인 '이해를 추구하는 신앙'을 곱씹어볼 시간입니다. '주여 삼창'을 외치기 전에 그 주님이 누구신지 어떤 분인지 무슨 일을 하시는지를 알아야 하는 것 아닌가요?

멋쟁이

어느 멋진 할아버지가 계셨습니다. 그 할아버지가 멋지신 이유는 다른 사람들로부터 조그만 호의라도 받으면 그것을 당연시 여기지 않고, 쓰고 있던 중절모 끝에 오른손 엄지와 인지를 갖다 대고 "고맙습니다"라고 하시기 때문이었습니다. 고마움을 표하고 사는 것은 사람됨의 본질이며 삶을 넉넉하고 여유 있게 만드는 윤활유입니다.

면역력

세상을 살아가면서 영적 정신적 예민성을 잃지 않으면서도 강한 내성(면역력)이 있으면 얼마나 좋을까! 이것이 오늘의 기도 제목입니다.

멸종

생태계에는 천적이란 것이 있습니다. 잡아먹고 잡아먹히는 관계입니다. 이런 먹이사슬에서 예외인 동물은 없다고 합니다. 그런데 인간은 오히려 먹이사슬이라는 악순환의 고리를 더욱 치밀하고 정교하게 만들어 갑니다. 참으로 개탄스러울 뿐입니다. 우리 사회의 자화상입니다. 인간사회이기를 포기하는 멸종행위입니다.

명상

명상과 기도는 옥탄가 높은 휘발유처럼 여러분의 분주한 삶을 영원을 향해 부드럽고도 힘있게 달릴 수 있게 하는 최상의 녹색 에너지입니다. 한번 시도해보십시오. 실망하지 않을 것입니다. 그렇지 않으면 환불 가능합니다!

명상

명상과 기도는 옥탄가 높은 휘발유처럼 여러분의 분주한 삶을 영원을 향해 부드럽고도 힘있게 달릴 수 있게 하는 최상의 녹색

모래 벌판

자신을 향해 굽어진 사람은 마침내 모래알이 됩니다. 자기중심을 향해 굽어지기를 계속하다 보면 둘둘 말아져 나중에는 지극히 작은 모래 알갱이가 되기 때문입니다. 문제는 모래 알갱이로서는 결코 집을 지을 수 없다는 것입니다. 등을 펴고 하늘을 쳐다 볼 수 없는 자들이나 자신을 향해 굽어진 사람들이 가는 곳이 지옥이라면, 지옥은 집 없는 자들이 사는 황량한 사막이며 모래 벌판입니다.

목발

정통교리와 정통실행은 항상 같이 가야 합니다. 그렇지 않으면 신앙생활은 절름발이 불구가 됩니다. 교리를 강조하다 보면 교조주의자가 되고 실행만 강조하다 보면 사회복음주의자가 됩니다. 하나님 사랑은 이웃 사랑으로 드러나야 하고 이웃 사랑은 하나님 사랑으로 표현되어야 합니다. 예배와 삶, 교리와 실천은 동전의 양면입니다.

목적

세상은 나 없이도 잘 돌아간답니다. 그러나 나 없이 세상이 잘 돌아간다고는 생각하지 않습니다. 나는 이 세상에 꼭 필요한 부품이기 때문입니다. 내가 빠지면 세상은 혼란에 빠질지도 모릅니다. 세상에 살아야 할 이유입니다.

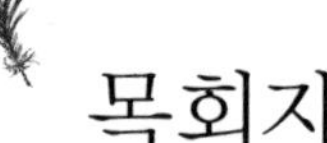

목회자

목회자의 소명은 '자기 가게'를 차리는 것이 아니라 '하나님의 가족'을 만드는 일입니다.

몸

30세에 축구시합을 했습니다. 펄펄 날았습니다. 60세에 축구시합을 했습니다. 정말 죽는 줄 알았습니다. 90세에 축구시합을 한다면 정말 죽을지도 모릅니다. 몸은 마음을 따라가지 못합니다. 마음이 몸을 따라가야 합니다. 이 세상에서 몸과 마음은 결코 하나 될 수 없습니다. 몸과 마음이 하나가 되는 날을 기다리며 삽니다. 이것을 종말론적 희망이라고 부릅니다.

무게

예배란 하나님의 무게를 경험하는 일입니다. 놀랍게도 현대 교회의 예배에서 하나님은 점점 가벼워지고 있습니다. '영광'에 해당하는 히브리어는 '카보드*kavod*'입니다. 일차적 뜻은 '무겁다', '빽빽하다', '압도하다'입니다. 이처럼 예배는 그분의 임재에 압도되는 무게감을 경험하는 것입니다. 하나님께서 시내 산에 강림하실 때(신의 현현) 수반되는 현상이 빽빽하고 자욱한 구름이었습니다. 그분의 위엄과 장엄하심에 압도되어 경탄과 경이로 반응할 때 비로소 예배는 시작됩니다. "여호와 우리 주여, 당신의 이름이 어찌 그리 장엄한지요"(시 8:1 참고).

무기

각 사람들마다 비장의 무기를 갖고 있습니다. 안전을 지켜내기 위해 혹은 이익이 상충되거나 마찰될 때 사람들은 기꺼이 무기를 꺼내듭니다. 그러나 그리스도는 무기를 내려놓으라고 말씀하십니다. 십자가에서의 손을 활짝 펴심은 "무기여 잘 있거라!"는 상징적 외침입니다.

무덤

무덤은 우주선 발사대이며 죽음은 새로운
세상으로 들어가는 대문입니다.

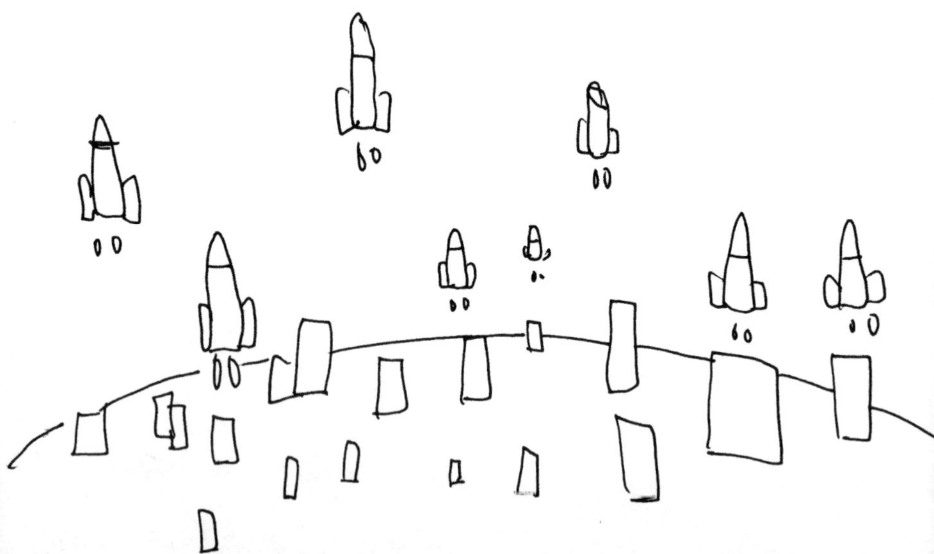

무리

어느 영역이든 상관없이 지도자는 그의 무리만큼 자라고 무리는 그들의 지도자만큼 자라기 마련입니다. 그 이상 바라는 것은 무리입니다.

무소부재

하나님의 무소부재(無所不在, 아니 계신 곳이 없이 어디든지 항상 계신다)란 그분이 모든 공간을 다 채우고 있다는 뜻이 아니라, 그분의 임재와 현존에 장애가 될 것은 아무것도 없다는 뜻입니다. 우리가 고백하는 하나님의 속성(무소부재)은 우리에게 큰 위로와 힘을 공급합니다.

무지개

무지개는 창공에 걸어놓은 하나님의 활입니다. 더 이상 인간과 전쟁을 하시지 않겠다는 하나님의 결심입니다. 다시는 홍수로 악한 인간 세계를 멸하지 않겠다는 언약의 증표입니다. 영국의 계관 시인 윌리엄 워드워즈의 말처럼 푸르른 창공의 무지개를 바라볼 때마다 내 가슴은 콩닥콩닥 뜁니다.

문맹률

궁휼, 황공무지, 무궁, 레닌그라드, 볼셰비키 혁명, 제정 러시아, 상트페테르부르크, 월광 소나타, 아다지오, 노르망디, 대학살, 예루살렘 함락, 마사다, 아다지오, 인애, 광년, 안드로메다 성운. 20대에서 30대 중반으로 예배를 인도하거나 찬양을 인도하는 사람들을 대상으로 강의하면서 그들에게 던졌던 어휘들입니다. 불행하게도 상당수는 이런 단어들이 무슨 뜻인지 몰랐습니다. 소위 인문학의 위기를 현장에서 체험한 셈입니다. 사실 모든 인문학 책들 가운데 최상의 인문학 책이 성경입니다. 그 안에는 소위 문학과 철학, 역사와 예술, 시와 소설, 현실비판과 다른 세상에 대한 환상으로 가득합니다. 인문학적 소양 없이 예배 인도자 혹은 교회 지도자가 된다는 것이 얼마나 어불성설인가요?

문화의 힘

한국의 크리스천들은 자기들이 출석하는 교회 목사님의 설교에 영향을 받기보다는 예능 프로그램이나 개그 프로그램, 텔레비전 연속극과 같은 대중 문화적 시류에 더 영향을 받습니다. 복음이 더 이상 문화의 변혁적 동인이 되지 못하고 있다는 서글픈 증거입니다. 리처드 니버의 고전 《그리스도와 문화》에서 '문화의 변혁자로서 그리스도'는 이루어질 수 없는 모델입니까? "너희는 이 세대를 본받지 말고 오직 마음을 새롭게 함으로 변화를 받으라"(롬 12:2).

일상신학사전

|

ㅂ

바뀜

어렴풋하게나마 계절의 전이를 아침저녁으로 느낍니다. 인생과 삶의 전이는 인위적인 것인가요, 자연적인 것인가요. 보이지 않는 손에 의해 전이 되는 것일까요, 내가 주체적으로 전이를 만들어가는 것일까요. 하나님의 섭리와 인간의 책임 사이에서 갈등하고 있습니다.

바늘구멍

신앙의 길은 넓은 길로 시작하여 점점 좁은 길로 가다가 마침내 바늘구멍으로 들어가야 하는 것입니까?

바람

나는 어떤 문제의 일부분이 아니라 그 문제
에 대한 해답의 일부분이 되는 그런 사람이
되고 싶습니다.

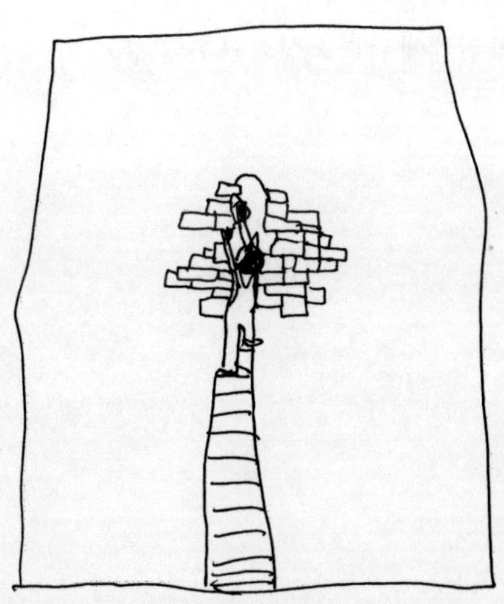

바벨   바벨에서 언어의 혼란이 있었다면 오순절
에서는 언어의 하나 됨이 있었습니다. 신이
인간에게 내린 심판의 표징이 불통이라면,
소통은 신이 인간에게 내린 축복의 표징입
니다. 오순절의 기적은 언어에 대한 이해에
서 모두 하나가 되었다는 것입니다. 말이
통하는 것은 언제 어디서나 축복입니다(창
11:1-9; 행 2:1-13).

바빙크   개혁파 신학의 핵심, 특히 바빙크 신학의
핵심 주제 중의 하나는 "은혜는 자연을 회
복한다"는 것입니다. 이 문구는 창조와 종
말의 관계에 관한 최상의 표현입니다.

바알
종교

바알은 가나안 지방의 '풍산豊産 종교'의 주신主神이었습니다. 바알은 자기를 섬기는 자에게 풍성한 추수와 번창한 미래를 약속합니다. 바알 종교는 기복종교의 원조입니다. '건강과 번영의 복음'을 파는 종교입니다. 구미에 당기는 종교적 상품을 파는 종교입니다. 언제나 장사가 잘 되었습니다. 슬프게도 한국 기독교가 바알 종교의 영향을 상당히 받고 있다는 느낌을 지울 수 없습니다.

반면
교사

불편한 진실, 버거운 진실은 우리 자신과 우리 사회를 돌아보게 하는 거울입니다. 성경은 불편한 진실로 우리를 고발합니다. 진실을 억압하거나 위장한다고 해서 진실이 사라지는 것은 아닙니다. 모든 진실은 하나님의 진실이기 때문입니다.

반쪽 진실

절반의 진실은 온전한 거짓보다 더 위험할 수 있습니다. 법정에서의 온전한 진실 규명은 사람의 생명을 구하기도 합니다. "진실한 증인은 사람의 생명을 구원하여도 거짓말을 뱉는 사람은 속인다"(잠언 14:25). 그러나 모든 진실의 궁극적 실체는 하나님 자신입니다. 하나님은 자신의 대변인인 예언자들에게 온전한 진실을 말할 것을 요구하셨습니다. 다른 것을 섞는 일도 잘못이지만 진실의 반쪽만 말함으로써 진실을 왜곡시키는 것은 치명적 결과를 초래합니다. 크리스천들은 언제 어디서나 진실을 추구하고 진실을 말해야 합니다. "네 이웃에 대하여 거짓 증거하지 말라"(출 20:16).

배려

다른 사람의 구두를 신어보라는 서양 속담이 있습니다. 한자성어로는 역지사지易地思之라 합니다. 입장을 바꾸어놓고 생각하라는 뜻입니다. 상대방에 대한 배려를 설명하는 문구입니다. 배려는 친절과 사촌지간입니다. 친절하지 않고서는 배려할 수 없기 때문입니다. 배려하는 친절한 행동은 귀머거리도 들을 수 있고 소경도 볼 수 있는 가장 좋은 인간적 언어입니다. 우리나라가 좀 더 친절한 사회가 되었으면 합니다. 우리나라 교인들도 좀 더 배려심이 깊었으면 좋겠습니다. 신앙은 결코 독단이나 독선이 아니기 때문입니다.

배반

예수님의 열두 제자 중 한 명이 배신자였습니다. 자신을 포함하여 누구라도 배신자가 될 수 있습니다. 왜냐하면 우린 열두 명 중 한 명이니까!

배신

일요일 아침에는 "호산나! 호산나!" 외치면서 예수를 칭송하던 인간들이 며칠 후 금요일에는 "저 놈을 십자가에 죽여라!"고래고래 고함을 치며 돌변하는 모습을 보니, 역시 인간이란 존재는 순식간에 마성魔性적이 될 수 있구나 하는 생각이 듭니다. "너희는 인생을 의지하지 말라. 그의 호흡은 코에 있나니 셈할 가치가 어디 있느냐"(사 2:22).

번역

"지혜가 많으면 번뇌도 많으니 지식을 더
하는 자는 근심을 더하느니라"(전 1:18). 이
것을 쉽게 번역하자면 "많이 알면 다친다"
입니다.

베뢰아 스타일

성경책이 닳고 닳을수록 그 사람의 마음은 정결하고 깨끗하며, 성경책이 깨끗할수록 그 사람의 마음은 닳고 닳아 더럽답니다. 베뢰아의 사람들처럼 열어놓고 성경을 읽되 마음으로 곱씹어 천천히 읽어보십시다. '아다지오 소스테누토(느리게 그리고 깊게 눌러서)'로 말입니다. 이것이 품격이 있는 베뢰아 스타일입니다(행 17:11).

변화

변화가 시작되어야 할 곳은 얼굴이나 집이
나 차나 의복이 아니라 우리의 마음입니다.
변화는 안에서 시작해야 합니다. 마음의 습
관을 만들어갑시다. 하나님은 사람의 스펙
을 보지 않고 사람의 마음을 보십니다.

별일

별일도 아닌데 별일인 것처럼 호들갑 떠는
것도 문제지만 별일이 있는데 별일 없는 것
처럼 지내는 것도 문제입니다.

병리
현상

막장을 봐야 직성이 풀리고, 낯선 사람을 만나면 기 싸움을 시작하고, 지위나 학벌이나 권력이나 돈으로 상대방에게 굴욕이나 고통을 주면서 쾌감을 느끼거나, 정의에 대한 의식은 없으면서도 불의에 대해선 도덕군자처럼 반응하는 위선은 지금 우리 사회가 앓고 있는 중병입니다.

보스

무덤덤한 학생이 신실한 제자가 되고, 신실
한 제자가 충성스런 심복이 될 때까지 교육
은 계속되어야 합니다. 신앙교육의 정점에
는 우리의 진정한 보스이신 주님이 계시기
때문입니다. 그분과 그분의 왕국에 목숨 바
쳐 충성하는 심복을 길러내는 것이 신앙교
육의 목적입니다.

보은   내가 받을 자격이 없기 때문에 감사하는 것
입니다. 그러므로 하나님께 감사를 드린다
는 것은 감사하는 삶을 사는 것으로 보은해
야 합니다.

본질

우리에게 필요한 것은 도덕적 개량이나 개선이 아닙니다. 단순히 상한 감정의 치유도 아닙니다. 우리에게 필요한 것은 염을 하는 장의사입니다! 죽는 일입니다. 그리스도와 함께 죽고 그리스도와 함께 다시 살아나는 일이 종교와 신앙의 핵심입니다. 세례를 살아내야 하는 것입니다. 그리고 그를 위해 십자가를 지고 가야 하는 것이 기독교의 본질입니다.

본향 집

집이야말로 언제나 생의 마지막 안식처가 되어야 할 가장 좋은 곳입니다. 객지에서 죽는 일은 언제나 슬픈 일입니다. 마지막은 영혼의 고향 집에서 보내야 합니다. 예수 그리스도는 그의 제자들을 위해 본향 집을 예비하러 가셨습니다. 우리가 마지막 안식처로 삼아야 할 곳이 바로 그곳입니다. "내가 가서 너희가 있을 곳을 마련하면, 다시 와서 너희를 나에게로 데려다가, 내가 있는 곳에 너희도 함께 있게 하겠다"(요 14:3, 새번역).

복구 비용

어떤 회복도 쉽게 오지 않습니다. 회복에는 시간과 비용이 많이 드는 법입니다. 부딪히고 깨져 서로를 등진 부부가 다시 만나 서로 얼굴을 보려면 지구 반 바퀴를 돌아야 하기 때문입니다. 하늘과 땅을 잇기 위해 하나님은 십자가를 지셔야 했습니다.

봉사

은수저를 입에 물고 태어난 사람일수록 세상의 고통에 예민하여 더더욱 자발적 헌신을 해야 합니다. 노블레스 오블리주. 귀족은 그 신분에 걸맞은 행동을 보여주어야 합니다.

부패

사람의 마음은 삐뚤어지고 왜곡되었을 뿐 아니라 아주 못 돼먹었다는 것을 신학에선 '전적 부패'라고 부릅니다. 이런 교리의 진실성을 입증하는 일은 결코 어렵지 않습니다. 일상에서 사례 두 가지를 열거하자면, (1) 아무리 봐도 옆집 잔디가 더 푸르게 보인다. (2) 명절에 버스를 타고 버스 전용차로를 달리면서 일반 차선에 길게 늘어선 고급 승용차를 바라보면 얼마나 통쾌하고 기분 좋은지 모르겠다.

부활

연식이 오래된 차의 부품이 필요하면 폐차장에 가서 필요한 부품을 주워다 고칩니다. 인생 연식이 오래되면 이곳저곳 고장이 잦습니다. 문제는 쓸 만한 중고품이 있는 폐차장이 없다는 점입니다. 부활의 날을 간절히 기다리는 곳이 있다면 인생 폐차장인 무덤들입니다.

북송

사선을 넘어 라오스까지 도착한 탈북고아 9명이 전격적으로 북송되었습니다. 라오스 정부도 그렇지만 라오스 주재 한국 대사관 관리들은 도대체 무엇을 했단 말입니까? 문제는 9명의 어린 목숨이 형장의 이슬로 사라지거나, 강제노역장으로 끌려간다는 비극적 사실입니다. "자유가 아니면 죽음을 달라"는 옛말이 새롭습니다. 도대체 자유란 무엇입니까?

불편한 진실

질은 항상 양보다 앞섭니다. 성숙은 언제나 성장보다 우선합니다. 누가 뭐라 해도 이것은 언제나 진실입니다. 그러나 겉으로는 이 진실에 동의하면서도 속으로는 모두가 "그렇지만 그래도…"라는 말을 덧붙입니다. 이것이 불편한 진실입니다. 이 불편한 진실은 교회뿐 아니라 학교와 사회에서도 마찬가지입니다.

비

비야 비야 내려라, 세차게 내려라. 창문에 덕지덕지 붙어 있는 온갖 더러운 점들을 씻어내어라. 비야 비야 내려라, 세차게 내려라. 계곡 구석구석에 끼어 있는 온갖 쓰레기들 모두 쓸어가거라. 비야 비야 세차게 내려라. 비온 뒤 창공 위에 무지개 하나 선사하려무나.

비 오는 날

비가 억수같이 쏟아지는 주일 아침에 교회로 가면서 아들과 이야기하다 비가 올 때면 무슨 노래가 떠오르느냐고 물었습니다. 아들은 '비 내리는 호남선' 아버지는 '비가 오면 집에 가서 빈대떡이나…' 주일이므로 "빈들에 마른 풀같이 시들은 나의 영혼 … 가물어 메마른 땅에 단비를 내리시듯 성령의 단비를 부어 새 생명 주옵소서"로 결론 지었습니다. "여호와께서 너희의 땅에 이른 비, 늦은 비를 적당한 때에 내리시리니 너희가 곡식과 포도주와 기름을 얻을 것이라"(신 11:14).

— 175

비용

사랑하려면 어느 정도의 불편함과 어색함
과 타인의 비웃음을 감내해야 합니다.

비움

춘향의 자리에서 내려와 향단이가 되어봐
야 진짜 리더십이 형성될 것입니다! 여성
지도자가 되고 싶어 하는 사람들에게 하고
싶은 말입니다. 물론 이몽룡의 자리에서 내
려와 방자가 되어봐야 풀뿌리 민초들의 심
정을 이해할 것입니다. 성육신이란 자리를
비워 내는 일입니다.

비웃음

C. S. 루이스의 말처럼, 마귀가 견디지 못하는 것은 누군가 자신을 향해 비웃는 일입니다. 그런데 진짜 크리스천들은 이 세상과 마귀를 향해 넉넉하게 너털웃음을 지으며 그들을 비웃고 삽니다. 마귀는 자기를 비웃는 이런 크리스천들 때문에 잠을 못 이뤄 점점 몰골이 초췌해져서 마귀처럼 생기게 된 것입니다. 마귀와 세상을 향한 비웃음은 참된 신앙으로 들어가는 전주곡입니다.

빠짐   주님은 나에게 "너는 나를 잘 이해하고 있
니"라고 묻지 않으시고 "너는 나를 사랑하
니"라고 물으십니다. 사랑 자체이시고 사
랑의 주체이신 그분께서 내게 사랑하느냐
고 물으시다니 어찌 감히 대답하겠습니까?
한 가지는 배웠습니다. 사랑은 머리로 이해
하는 것이 아니라 말 그대로 '빠지는 것'이
라는 사실을(요 21:15-17).

뻔뻔스러움

결과적으로 퇴임한 정권을 죽음까지 몰아간 내시 같은 권력자들은 아직도 버젓이 활보하고 다닙니다. 한국 정치사에 매우 이례적이고 변태적인 일이었지만 그 누구도 그 일에 대해 입을 여는 사람이 없을 정도로 한국 사회 기득권층의 뿌리와 연줄은 길고 질깁니다. 개탄스러운 일입니다.

일상신학사전

—

ㅅ

사닥
다리

지하실 창문 곁 자그마한 웅덩이에 새끼 쥐 한 마리가 빠져 있었습니다. 유리 창문을 통해 이틀째 보고 있었습니다. 혼자 기어 나올 수는 없습니다. 어떻게 '처리' 해야 하나? 처음에는 징그러웠으나 볼수록 애처로웠습니다. 그렇다고 만질 수는 없고. 이거 원 참! 살려줘야 하나 쥐덫으로 처리해야 하나? 이것이 고민이었습니다. 나중에 딸아이가 사닥다리를 만들어주었습니다. 구원은 역시 위로부터 주어져야 하는 것입니다! 성육신은 하늘에서 내려온 사닥다리입니다.

사랑

사랑이 얄팍해지면 질책만 두툼해집니다.

사랑과 고통

누군가를 진심으로 사랑한다면 고통받을 준비도 되어 있어야 합니다. 진실한 사랑은 언제나 고통을 수반하기 때문입니다. 고통의 정도에 따라 사랑의 강도가 결정됩니다. 십자가에 나타난 하나님의 사랑이 그런 것입니다. "하나님이 세상을 이처럼 사랑하사 독생자를 주셨으니 누구든지 그를 믿으면 멸망하지 않고 영생을 얻으리로다"(요 3:16).

사랑
받음

철없이 쏟아지는 비를 볼 날도 얼마 남지 않았겠지. 지금 죽음의 문턱에 서 있는 그 사람에게 찬란한 햇빛이나 억수 같은 비가 무슨 차이를 만들어낼 수 있단 말인가? 진정으로 누군가를 사랑하고 있고 또 누군가로부터 사랑받고 있다면 아무래도 상관없을 것이야. 내려라 비야, 비춰라 햇살아! 사랑하려거든 지금 사랑하라. _암 투병 끝자락에 서 있는 친구를 보면서.

사막화

세상이 오로지 나를 중심으로 움직이기를 바라는 자기연민에 빠진 사람들에겐 '내 편 좋은 나라', '네 편 나쁜 나라'라는 단순 도식만 존재합니다. 나를 향하여 굽어지는 속도가 가속화되면 결국 이 세상에는 아주 미세한 모래알들만 존재하게 될 것입니다. 이것이 사회와 개인의 사막화 현상입니다.

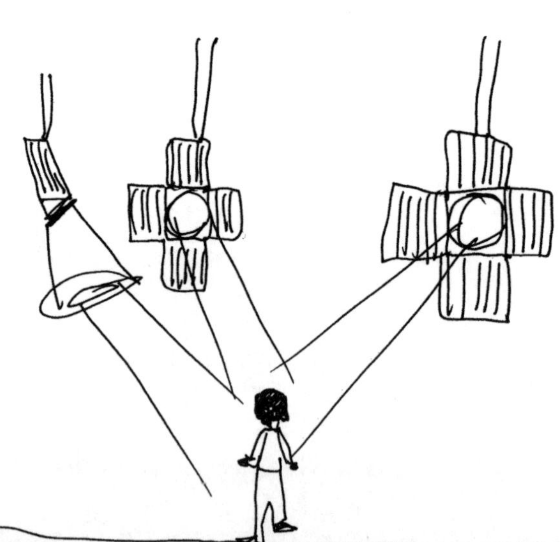

사망

결혼식은 친숙하지만 장례식은 언제나 낯설게 느껴집니다. 죽음이 두려운 이유는 어느 날 갑자기 내 가정을 침입한 복면의 낯선 외계인처럼 보이기 때문입니다. "사망아 너의 승리가 어디 있느냐. 사망아 네가 쏘는 것이 어디 있느냐. 사망이 쏘는 것은 죄니라"(고전 15:55-56).

사색

주님의 날은 사역하는 날이 아니라 사색하는 날이어야 하는 것 아닌가. 주일은 그분이 행하신 일과 행하실 일에 대해 기억하고 기대하며 사색하는 날입니다. 어려운 말로 '계시 의존 사색'이라 부릅니다.

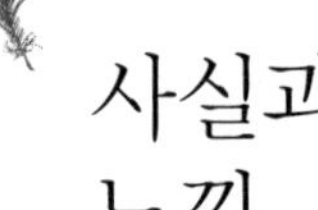

사실과 느낌

실제 온도와 체감 온도 중 어느 것을 중요시하고 살아야 하는가? 이것이 삶의 실제적 문제입니다.

사이

모든 것에는 '사이'가 있습니다. 불행은 언제나 사이가 깨지거나 나빠지거나 삐뚤어지거나 멀어지거나 너무 가까워지면서 생깁니다. 세상에서 가장 아름다운 풍경은 '모든 것이 제자리로 돌아가는 것'이라 합니다(하덕규의 〈풍경〉). 어쨌건 사이는 좋아야 합니다! 그분과 사람과 피조물과의 사이가 좋아야 합니다. 사이가 좋은 상태를 샬롬이라 부릅니다.

사형
제도

사형제도는 허용될 수는 있지만 반드시 시행되어야 하는 법은 아닙니다. 만약 허용되어야 하는 경우라도 매우 희귀한 경우에만 그러해야 합니다. 정의의 원천은 하나님이시지만 하나님은 국가를 정의의 시행자로 삼으셨기 때문입니다.

사회적 삼위일체

한자어 제위諸位가 있습니다. 여러 제諸, 분 위位로, '여러분'이란 뜻입니다. 한자어에 체體가 있는데, 몸을 가리키는 뜻도 있지만 철학적 의미의 '근본'이라는 뜻도 있습니다. 따라서 신학에서 삼위일체三位一體란 성부, 성자, 성령 세 분이 동일한 본질인 신성을 갖고 계신 신적 사회를 이루고 있다고 이해하면 좋겠습니다. 사회적 삼위일체를 잘 이해하고 받아들이면 가정생활, 교회생활, 사회생활에 대한 새롭고 신선한 시각이 열릴 것입니다.

살인

인류 최초의 살인은 형이 동생을 죽인 사건입니다. 그러므로 모든 살인은 궁극적으로 자기 형제를 죽이는 일입니다. 인류 최초의 희생자인 아벨의 이름 뜻은 덧없음, 허무, 부조리라는 것은 결코 우연이 아닙니다. (참고로 전도서의 주제어인 '헛됨'은 히브리어로 '헤벨*hebel*'인데 '아벨'과 동일한 단어입니다.) 타락 이후로 우리가 사는 세상은 허무와 부조리와 모순으로 가득합니다. 부조리와 모순의 극치가 죽음입니다. 오 아벨이여, 그대를 슬퍼하노라!

삼손

머리털이 잘리고 들릴라의 무릎에서 깊은 잠이 들었던 삼손. 그럼에도 그는 자신이 아직도 신적 괴력을 지니고 있다고 생각하고 있었습니다. 무모한 착각이었지요. 머리카락이 잘린 채 달콤한 세속의 무릎에 누워 깊은 잠을 자고 있으면서도 아직도 힘이 있다 생각하는 한국 교회여, 그대의 마지막 날이 멀지 않았도다! "들릴라가 삼손에게 자기 무릎을 베고 자게 하고 사람을 불러 그의 머리털 일곱 가닥을 밀고 괴롭게 하여 본즉 그의 힘이 없어졌더라. 들릴라가 이르되 삼손이여 블레셋 사람이 당신에게 들이닥쳤느니라 하니 삼손이 잠을 깨며 이르기를 내가 전과 같이 나가서 몸을 떨치리라 하였으나 여호와께서 이미 자기를 떠나신 줄을 깨닫지 못하였더라"(삿 16:19-20).

삶과 예술

악한 왕 아합의 폭정 아래서 경건한 궁내대신 오바댜가 살아왔던 방식이 아주 궁금합니다. 고공에 걸린 죽음의 줄타기였을까? 살얼음판 위로 걷기였을까? 분명 마지못해 사는 것은 아니었겠지? 주어진 삶의 한계 안에서 균형을 잡으며 산다는 것은 언제나 어렵고 힘든 기술을 요구하기 때문입니다. 생각해보니 삶은 기술이 아니라 예술인가 봅니다.

삶의
의미

우리가 하나님을 사랑하는 이유는 우리를 위해 모든 것을 만들어가시는 하나님의 놀라운 기적들 때문이 아니라, 우리의 삶이 진정한 의미를 갖게 되는 길이 그분 말고는 없기 때문입니다. 그분이 있으므로 우리의 삶은 비로소 의미 있는 삶이 됩니다.

상상력

"만약 한 사람이 그렇게 많은 증오를 만들어낼 수 있다면, 우리 모두가 만들어낼 수 있는 사랑은 얼마나 클지 상상해보세요."
_노르웨이 참사에서 생존한 한 소녀와 CNN과의 인터뷰 중에.

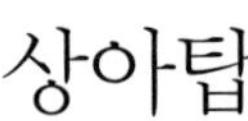

상아탑

교만은 탑과 같아 높아질수록 스스로를 고립시킵니다. 상아탑 속에 사는 사람들도 마찬가지입니다. 교만한 자들은 결국 자폐증 환자들이 됩니다.

색맹

옛날 옛적 국민학교 다니던 시절 색맹이거나 색약이면 이공계 학교에 지원할 수 없었습니다. 운전면허도 취득할 수 없었던 시절이 있었습니다. 색약이었던 나는 깊이 좌절하였습니다. 그러나 나중에 알게 된 충격적인 사실은 "하나님도 색맹이다"라는 것이었습니다. 그렇습니다. 하나님은 모든 피부색깔을 다 좋아하십니다. 사람을 차별하지 않으십니다.

생김새

돌과 같은 마음이 아니라 살과 같은 마음, 완고하고 강퍅한 마음이 아니라 잘 갈아엎은 밭과 같은 마음, 반질한 길과 같은 마음이 아니라 부드러운 토양과 같은 마음, 벽돌 같은 배타성이 아니라 부드러운 포용성의 마음, 우리 사회와 교회에는 이런 마음밭들이 절실하게 필요합니다.

생명

신앙이 생명의 운동성을 상실하게 되면, 교회 안에는 조직원이 된 기독교인들, 화석화된 기독교인들, 종교적 기능인으로 전락한 기독교인들로 가득하게 됩니다. 교회는 조직과 체제와 기관이기 이전에 유기체적 생명이기 때문입니다. 세포가 경직되고 경화되면 마침내 죽게 되는 것과 같은 이치입니다. 세포는 건강한 생명을 유지해야 합니다.

새 시대

가라앉아 있던 문제도 이젠 인터넷의 발달로 수면 위로 드러나게 됩니다. 예를 들어 예전에 미국의 한 신학교에서 주는 학위를 의심의 눈으로 보던 시절이 있었습니다. 당시 상당수의 한국 신학교수들도 그런 가짜 학위에서 자유롭지 못했고 심지어 버젓이 사용하기도 했습니다. 그래도 그것을 들춰내어 그들의 인생을 몰락시키지는 않았습니다. 이제 우리는 완전히 달라진 시대에 살고 있습니다.

샬롬 사회

동물의 세계에서나 통용될 양육강식, 적자생존, 정글의 법칙과 같은 말이 언제부턴가 인간사회에서 자연스레 사용되고 있습니다. 우리 사회는 점점 인간성을 상실해가고 있습니다. 불행한 징조입니다. 학교, 교회, 사회, 국가 등에서 정글화, 가축화, 야수화 현상이 가속화되고 있는 것 같습니다. 인간이 인간적으로 사는 사회를 '샬롬 사회'라 부릅니다. 예언자들이 꿈꾸고 설파했던 사회의 모습입니다.

선물

삶과 인생은 풀어야 할 숙제가 아니라 즐거워해야 할 선물입니다. 광야의 만나처럼 생명은 매일같이 하늘에서 내려오는 선물이기 때문입니다. "사람이 먹고 마시며 수고하는 것보다 그의 마음을 더 기쁘게 하는 것이 없나니 내가 이것도 본즉 하나님의 손에서 나오는 것이라"(전 2:24).

선택과 고백

그리스도 안의 구원 속으로 선택된다는 것은 다른 사람들을 제외하고 몇몇 사람들만을 하나님께서 영원히 선택했다는 뜻으로 이해해서는 안 됩니다. 기독교 교인들에게 선택의 교리는 무엇인가를 주도적으로 시작하시는 하나님의 은혜로 자신들이 구원을 받게 되었다는 사실을 고백하는 신앙고백으로 가장 잘 이해될 수 있습니다. 이런 의미에서 "[하나님의] 은혜는 저항할 수 없다" 즉 '불가항력적 은혜'라는 교리는 은혜의 본질에 대한 사실적 진술이 아니라 크리스천 각자가 드리는 강력한 신앙고백입니다.

설교자

설교자들이 존중해야 할 세 가지 것이 있으니 첫째는 본문이요, 둘째는 설교단이요, 셋째는 회중석입니다. 매 주일 강단에 서기 전에 이것을 명심하십시오.

설교자
열정

고래고래 소리 지른다고 해서 열정적 연설이 되는 것은 아닙니다. 하이 피치로 계속 나가다가 갑자기 소리를 높이며 핏대를 올리면 청중의 신체와 심장에도 충격을 주게 됩니다. 설교자나 연설가는 성악가처럼 원고가 그려내는 악보의 고저강약에 따라 리듬을 타야 합니다.

설득

하나님은 사람들을 자신에게로 이끄실 때
강제로 하지 않고 설득을 통해 하십니다.
이런 의미에서 설교와 전도는 강요나 협박
이나 선동이 아니라 인내하는 설득이며 호
소입니다. 신학과 신앙은 강요나 협박에 의
해서가 아니라 설득과 모범에 의해 형성되
고 습득됩니다.

설렘

오늘은 어제와 다른 날이기를 바랍니다. 언제 어디서 어떻게 나타날지 모르는 그분을 설렘으로 기다리는 하루가 되기를 소망합니다.

성경

성경은 하나님에 대해, 우리 자신에 대해, 창조된 세상에 관해 말하고 있는 책입니다. 신과 인간과 피조세계에 대한 일관된 인식 체계를 가르쳐주는 책이 성경입니다. 그러므로 성경을 제대로 읽고 배우면 인생관과 세계관이 바뀌게 됩니다. 성경은 크리스천의 삶을 변혁하는 동력입니다.

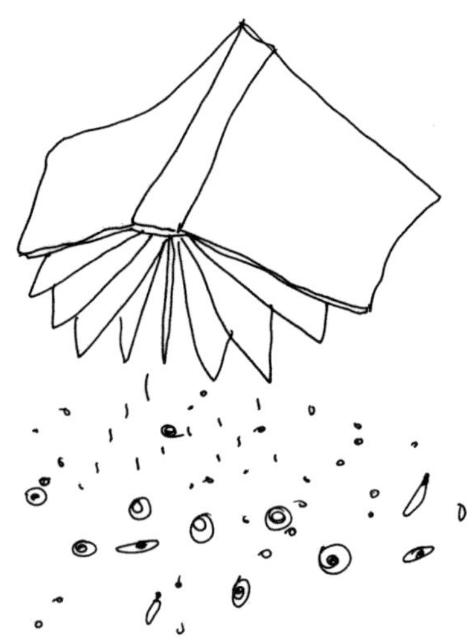

성경의
언어

하나님께서 우리 머리카락의 숫자를 알고
계시다는 말씀은 사실적 진술이 아니라, 우
리는 하나님께 그 어떤 비밀도 감출 수 없
다는 것을 은유적으로 말하는 것입니다.

성경의
언어

하나님께서 우리 머리카락의 숫자를 알고
계시다는 말씀은 사실적 진술이 아니라, 우
리는 하나님께 그 어떤 비밀도 감출 수 없
다는 것을 은유적으로 말하는 것입니다.

성과

명장인 선수들이 잘하는 것인가? 선수들이 잘하니까 명장이 된 것일까? 한화의 김응룡 감독의 고민이 깊어져만 갑니다. 한 장군의 명성은 수많은 병사들의 시체 덕분이라는 빈정대는 문구 '일장공성 만골고—將功成萬骨枯'가 떠오르는 것은 웬일일까요? 성과사회에서 비인간화는 가속되고 있습니다. 성과사회는 자연히 피로사회를 만들게 되며, 모든 사람들이 신경정신적 질환에서 자유롭지 못합니다. 피폐해지는 영혼의 몰골들이 거리를 활보하는 사회가 되어갑니다.

성과
사회

성과사회는 결국 피로사회로 이어진다는 철학자 한병철의 지적은 의미심장합니다. 극단적인 성취사회, 성공사회, 성과사회는 결국 그 사회를 파괴하는 저격수가 바깥에 존재하지 않고 자아 안에 존재한다는 것입니다. 더 많은 것을 이루려고 애를 쓰다 보니 결국 소진하고 고갈된다는 것입니다. 그는 이것을 긍정성의 과잉으로 인한 긍정성의 폭력이라 부릅니다. 교회의 성장주의 역시 성과사회의 단면을 보여주는 암적 요인들로 결국 교인들을 희생물로 만들게 되었습니다.

성령

성령은 언제나 무대 뒤에 계시는 것을 좋아
하십니다. 그분은 앞에 나서는 것을 별로
좋아하시지 않습니다. 부끄러움을 많이 타
십니다. 그분은 언제나 예수님을 무대 중앙
에 서도록 하십니다. 그런데 요즈음 사람들
은 뒤에 계셔서 묵묵히 일하시는 성령을 충
동질하여 무대 중앙에 서도록 강요합니다.
그러나 그분은 자기 자리를 잘 아십니다.
그분은 예수님만이 우리 삶의 중심에 서도
록 돕습니다. 성경이 알고 내가 알고 있는
성령은 그런 분이십니다. 몹시 수줍음을 타
는 분이십니다.

성례

일상의 하찮은 것들, 빵 조각, 포도주 잔, 그릇에 담긴 물, 창공에 걸린 무지개가 은혜의 방편이 된다는 것입니다. 일상의 것들을 가벼이 여기지 마십시오. 오늘 그것들이 기적 같은 은혜의 도구가 될는지 누가 알겠습니까?

성소

하나님의 성소에서는 한 마리의 참새도 보호함을 받을 수 있고, 낙심한 한 영혼도 피난처를 발견하며, 피곤한 나그네도 안식을 얻을 수 있습니다. 교회가 이런 하나님의 성소가 되었으면 좋겠습니다.

성찬

우리는 교회가 우리의 배고픔에 대해 뭔가를 해주기를 바랍니다. 그러나 교회는 계속해서 거룩한 빵을 줍니다. 은혜의 성찬을 베풀 뿐입니다. 신앙의 아젠다를 제시하는 주체는 우리가 아니라 하나님이시기 때문입니다. 더 이상 소비자가 이끌어가는 교회가 아니라 그리스도가 이끌어가는 교회여야 합니다.

교단이 총회로 모일 때 '성총회'라 합니다. 거룩한 총회라는 뜻이지요. 일반적으로 성총회가 개회되면 곧바로 '성만찬'을 거행합니다. 예수 그리스도의 죽으심과 부활하심을 중심으로 한 몸을 이룬 지체들이라는 고백 예식입니다. 문제는 성찬식을 거행하고 바로 시작되는 회의에서 얼굴을 붉히며 삿대질을 하며 싸운다는 것입니다. 왜 일부 목사들은 싸움질에 익숙한 것일까요?

성찬 유감

학교에서 추수감사절 채플이 있었습니다. 설교 후에 성찬예식(주의 만찬)이 있었습니다. 떡을 나누어주고(분병) 포도주 잔을 나눠주는(분잔) 주례자를 돕기 위해 도우미 신학생 12명이 검은 양복을 입고 앞줄에 엄숙하게 서 있었습니다. 아주 멋졌습니다. 그런데 씁쓸한 마음이 지워지지 않았습니다. 신학생의 3분의 1 이상이 여자들인데 어찌하여 12명 중에는 여자가 한 명도 없단 말인가요? 그리스도 안에서는 유대인이나 헬라인이나, 자유자나 종이나, 남자나 여자가 없다고 하셨는데, 그리고 그것을 구현하는 성만찬에 어찌하여 여자 도우미는 한 명도 선발되지 않았는가 말입니다.

성화

기독교 신앙을 진지하게 생각한다면 그 사람의 품성과 삶의 방식이 변해야 한다고 믿습니다. 이것을 신학 용어로 성화라고 합니다. 그런데 전혀 그런 징조가 보이지 않는다면 차라리 개혁파 신학자들이 잘 받아들이지 않는 기적을 믿는 것이 더 나을지도 모릅니다. 여러분은 성화론과 기적론 중에 어느 것이 더 실질적인 구현이 가능하다고 생각하십니까? 살다 보면 후자가 더욱 간절하게 믿고 싶어질 때가 많습니다.

세례

세례가 은혜의 방편이란 뜻은 "물 먹이시는 하나님을 찬송한다"는 것입니다. 세례는 물속에 들어가 죽고 새로운 생명으로 다시 태어나는 것이기 때문입니다.

세속화

기독교는 멸종 위기에 처한 종교입니다. 설명하자면 이렇습니다. 몇몇 하등동물들이 멸종위기에 처하게 된 이유는 그것들이 놓여 있는 환경이 매우 비우호적이고 적대적이기 때문입니다. 그러나 놀랍게도 우리 크리스천들에게는 정반대의 이유가 있습니다. 크리스천들이 멸종 위기에 처하게 된 것은 주위 환경이 너무도 편안하고 쾌적하고 유혹적이기 때문입니다. 철의 장막 속에 있던 교회들이 해방과 자유와 번영이 동틈과 함께 그전보다 더욱 왕성해지고 강해졌는지 의문입니다. 우리의 자유와 번영이 저주가 되지 않도록 조심해야 합니다. 예배당의 의자들이 안락할 때 주님은 그곳에 계시지 않습니다. "내가 그들의 조상들에게 맹세한 바 젖과 꿀이 흐르는 땅으로 그들을 인도하여 들인 후에 그들이 먹어 배부르고 살찌면 돌이켜 다른 신들을 섬기며 나를 멸시하여 내 언약을 어기리라"(신 31:20).

소명

모든 직업vocation은 궁극적으로 하나님의 부르심vocatio입니다. 목사직만 하나님의 소명이 필요한 것은 아닙니다. 마르틴 루터가 유머러스하게 말했듯이, 강도질과 매춘을 빼놓고는 모든 직업은 다 하나님 앞에서 명예롭습니다.

소박한 행복

서로를 존중하고 배려하며 유머로 넘치는 사람들과 함께 있는 것은 언제나 즐겁고 행복합니다. 소박한 행복은 하나님의 선물입니다.

소수

희미하고 연약한 개별적 불빛들이 모여
강력한 광선을 만들어내듯이 집중한 소수
는 산만한 다수에게 깊은 영향을 미칠 것
입니다.

소통

예수께서 하늘에서 이 땅에 내려오심은 전능하신 하나님께서 연약한 인간과 눈높이를 맞추기 위해서입니다. 성육신은 소통의 원형이며 귀 기울임이며 눈높이 맞추기입니다.

속력과 방향

신학대학원 졸업반 학우들과 마지막 예배를 드리는 날입니다. 그들에게 한마디 덕담을 건네고 싶습니다. '빠르게' 걷기가 아니라 '바르게' 걷기를.

손님

지혜로운 손님이 되는 비결은 언제 떠나야 할지를 아는 것입니다. 반면에 개념 없는 사람들은 상대방의 처지를 생각지 않고 마구잡이로 들이댑니다. 가깝고 친하다는 이유로 상대방의 입장을 전혀 생각하지 않고 오로지 자기중심적으로 상대방을 대하는 사람은 단세포적 마인드를 가진 어리석은 사람입니다. "너는 이웃집에 자주 다니지 말라. 그가 너를 싫어하며 미워할까 두려우니라"(잠 25:17).

수능
유감

'단 하루'에 인생의 서열을 결정짓게 만드는 대한민국은 나쁜 나라입니다. 잘못 치른 시험에 좌절해 스스로 목숨을 끊도록 내모는 대한민국은 정말로 나쁜 나라입니다. 학벌로 서열을 세워 기득권을 누리면서 "너희는 공부를 안 해서 그렇게 된 거야"라고 외치는 인간들은 정말로 나쁜 사람들입니다. 그들 중에 상당수의 그럴듯한 기독교인들이 있다는 것은 더더욱 나쁜 일입니다.

수치

장로교의 장자교단이라 자화자찬하는 총회지만 온갖 수치스런 일들은 도맡아 쏟아내는 하수처리장 같으니 안타까울 따름입니다. 그 안에는 특별히 일부 몰지각한 목회자들과 구제불능의 타락한 목사들이 버젓이 얼굴을 내밀고 다니며 거룩하신 하나님의 명예와 평판에 먹칠을 하고 있다는 사실이 우리를 슬프게 합니다. 성적으로 더러운 일을 하고도 뻔뻔스럽게 얼굴을 똑바로 치켜세우는 목사, 돈으로 권력과 명예를 매수하여 손아귀에 쥐어보려고 안달하는 목사, 정치권에 기웃거리며 청와대 초청에 어깨 펴는 목사, 자기가 일구었다고 대형교회를 자식에게 겁 없이 대물림하는 목사, 추한 스캔들에 연루되어 영적 몰골이 추잡하게 된 목사, 수치스런 일들을 돈으로 해결하려는 목사, 거짓말을 물 마시듯 하는 목사, 교단 정치판에는 한 번도 빠지지 않는 완전 개근 목사, 교인들의 헌금을 쌈짓돈으로 알고 흥청망청 제 마음대로 쓰는 목사님들, 여기서 이러시면 안 됩니다! 물론 누구든 잘못을 할 수는 있습니다. 그러나 돌이키지 않고 고집스럽게 그

런 일을 계속한다면 화인 맞은 불행한 양심
이 아니고 뭐겠습니까? '차라리 태어나지
않았더라면 좋았을 텐데'라는 말을 듣게 되
는 건 아닌지 걱정됩니다.

순종

모리아 산으로 올라가던 아브라함은 하나님의 약속과 하나님의 명령이라 부르는 첨예한 양극 사이에서 고민하며 걸어갑니다. 모순과 불합리성의 길을 걷는 일은 우리에게 같은 방향으로 오랫동안 순종할 것을 요구합니다. 고통을 통하여 정화되고 순화된 순종을 요구합니다.

쉬운 삼위일체

"세 분은 아주 사이좋게 지내신다!"(내재적 삼위일체) "세 분은 아주 좋은 일을 하신다!"(경륜적 삼위일체) 이게 삼위일체 교리의 핵심입니다. 따라서 여러분, 사이좋게 지내십시오. 싸우지 말고 다투지도 말고, 그리고 다른 사람들에게 좋은 일을 하십시다.

스타

하늘의 별들을 잊고 산 지 오래 되지는 않
았는지 스스로에게 물어봅니다. 오늘따라
별들이 유달리 빛나는 밤입니다. 하나님은
매일 밤마다 하늘 창고에서 별들을 이름으
로 불러내어 하늘 캔버스에 하나씩 걸어놓
으십니다. 세상에 이름 없는 별은 없습니
다. 무명의 스타는 없습니다. 하늘의 별들
에게도 각각의 이름을 다 붙여주셨다면 하
물며 자기 형상대로 지음 받은 당신의 자녀
를 어찌 잊겠습니까(사 40:26; 시 8:3; 147:4).

스타일

로널드 레이건 대통령 이후로 미국 정치는 정책 참모보다 홍보 참모의 비중이 급격히 늘어났습니다. 어디 정치만 그러하랴? 본질보다 스타일을, 내용보다 포장을 중요시하는 사회입니다. 교회와 신앙생활은 이런 세속 풍조에서 자유롭다고 말할 수 있을까요? 생각해볼 문제입니다.

스토커

스토커stalker란 영어단어가 있습니다. 관심 있는 상대를 병적으로 집요하게 쫓아다니며 괴롭히는 사람을 가리키는 단어입니다. 누군가 '삐뚤 사랑광'이라고 번역했습니다. 삐뚤어진 사랑에 빠져버려 미치게 된 사람이란 뜻이겠습니다. 근데 올해부터 누군가를 집요하게 스토킹을 하면 벌금 8만 원이 부과된다고 합니다. 근데 스토커가 진화하면 스나이퍼, 즉 저격수가 됩니다. 일방적인 사랑과 애정이 집착증세로 변질되다가 만족을 느끼지 못하면 사랑의 대상을 저격하는 불상사가 일어나기 때문입니다.

습관

차에 타면 앞자리, 무대에 올라서면 중앙에, 교회에서는 뒷자리를 선호합니다. 전망 좋은 자리를 독차지하고 화려한 조명을 선호하는 사람일수록 하나님의 면전에서는 멀어지는 경향이 있습니다.

시간 개념

설교의 길고 짧음의 문제는 크로노스 *chronos*적이 아니라 카이로스*kairos*적으로 이해해야겠습니다. 기계적 시간과 경험되는 시간의 차이입니다. 바리새인의 중언부언 기도 역시 동일한 차원에서 이해해야 할 것 같습니다. 양에 관한 것이 아니라 질에 관한 것입니다.

시대 정신

'이웃을 사랑하라'는 기독교의 취약적 가르침은 '이웃을 조심하라'는 세속화 시대의 배타적 교훈으로 대체되고 있습니다. 열린 사회를 지향하는 기독교 정신과 닫힌 사회를 지향하는 시대 정신 사이에서 기독교인들은 혼란스러움을 경험합니다. 어떻게 살아야 할지 헷갈립니다.

시대
착오

종종 TV에 나오는 국무회의에서 대통령은
말하고 장관들은 하나같이 받아 적는 모습
을 보면서 왕정시대 어전에서 만조백관들
을 소집한 왕이 추상같은 어명을 내리고, 신
하들은 굽실거리며 머리를 조아리는 모습
이 연상되는 것은 나만의 생각인가요? 아직
도 우리나라에선 이런 일들이 자연스레 일
어납니다. 권위는 존중되어야 하나 권위주
의에 함몰하는 사회는 몰락할 것입니다.

시작

인생에는 세 가지 시작이 있습니다. 태어날 때와 결혼할 때와 세상을 떠날 때입니다. 모두 새로운 시작입니다. 오늘 하루 내겐 결혼식과 장례식이 동시에 있었습니다. 삶의 모순이며 부조리입니다. "헛되고 헛되며 헛되고 헛되니 모든 것이 헛되도다"(전 1:2; 12:8).

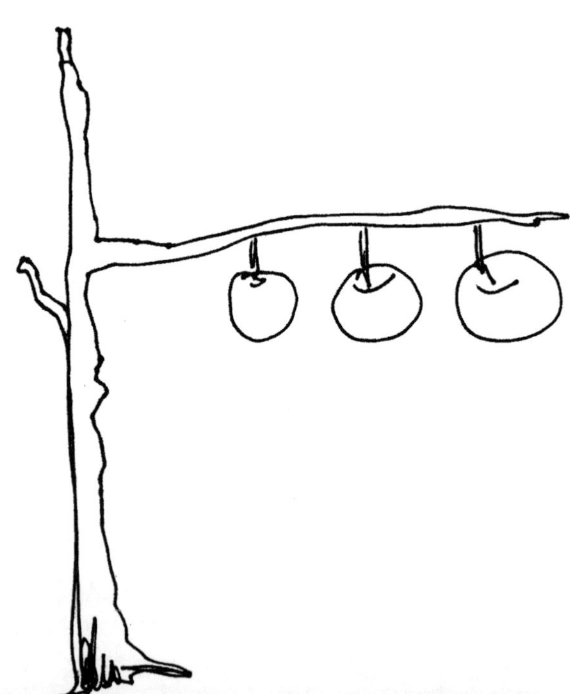

시차의 위력

평신도로 앉아서 예배를 드리는데 갑자기 힘이 쭉 빠지고 맥이 풀리고 정신이 오락가락 일보직전이었습니다. 비몽사몽간에 하늘의 계시를 받는 순간이었습니다. 그런데 웬걸, "정신 차려!"라는 소리에 깨어났습니다. 성령의 능력도, 설교자의 권위 있는 말씀도 시차를 몰아내지는 못하나 봅니다. 주여, 이 죄인의 불경을 용서하여 주소서.

식당과 레스토랑

얼마 전 공연을 보러 예술의 전당에 갔습니다. 간단한 점심을 먹기 위해서 안내 데스크에 앉아 있는 직원에서 물었습니다. "이곳에 가격이 적당한 식당이 있습니까?" "예, 있습니다. 직원 식당입니다." "메뉴는 무엇입니까?" "닭곰탕국입니다." 나는 닭을 별로 좋아하지 않아서 또 물었습니다. "이 안에 다른 식당 없습니까?" "식당은 없습니다. 그러나 저쪽으로 가시면 레스토랑은 있습니다." 식당에서 알프레도 스파게티와 라자니아에 와인 한 잔을 곁들어 먹고 레스토랑에서 된장찌개에 파전 하나를 시켜 먹으면 안 되나요?

식목일

식목일입니다. 나무를 심으면서 고민스런 질문이 떠오릅니다. "심은 대로 거둘까?" "정말 심은 대로 거두는 세상인가?" "하나님은 심은 대로 거두게 하시는가?" "인과응보와 사필귀정은 진실일까?" 아니면 "심은 대로 거두지 못하는 절망을 반어적으로 외친 희망의 가면인가?" 자연과학에선 인과因果의 관계가 자못 자명하지만 사회과학을 지나 인문학 쪽으로 갈수록 그 관계 설명은 어려워집니다. 신학에선 불가지론에 좀 더 가깝습니다. 신정론神正論은 천국에 가서야 풀 수 있는 고난도의 문제입니다. 욥기를 해석하기 어려운 이유입니다.

신비와 기독교

한국의 개신교는 하나님의 신비에 대해 별로 관심이 없는 듯 합니다. 신비에 대해 깊이 생각하지도 묵상하지도 않습니다. 그들의 신학은 하나님을 이론적으로 설명하는 일에 집중합니다. 그러나 인간의 언어로 어떻게 하나님의 신비를 다 담을 수 있으며, 인간이라는 유한한 존재가 어떻게 하나님의 신비를 다 포착할 수 있단 말입니까? "나는 말할 줄 모릅니다!"라는 모세의 고백은 그가 어눌한 말솜씨를 갖고 있다는 뜻만은 아닙니다. 신비로운 하나님을 어떻게 인간의 언어로 담아낼 수 있느냐는 고백이기도 합니다. 신비에 대한 언어의 한계성을 아는 사람만이 목사와 설교자가 될 자격이 있습니다.

신앙

신앙은 어떤 의미에서 위험부담을 안는 것입니다. 그렇지만 신앙은 어둠 속으로 눈을 꾹 감고 뛰어드는 것이 아닙니다. 신앙은 엄청난 분, 온몸이 떨려서 감히 바로 앞에 설 수 없게 하는 분, 거룩한 두려움을 느끼게 하는 분, 그러면서도 우리를 자기에게로 끌어 들이는 분, 그래서 우리로부터 반응을 불러 일으키시는 분, 바로 그분의 현존과 임재를 의식하는 것에 기초를 두어야 합니다.

신앙과 학문

신학을 공부하는 사람은 안셀무스의 유명한 문구 '이해를 추구하는 신앙'을 항상 가슴에 담아야 합니다. 신학은 이성적 이해를 추구하는 것이 아니라 궁극적으로 신앙을 목표로 삼는다는 말입니다. 그러나 이런 신앙은 덮어놓고 믿는 맹목적 신앙이어서는 안 됩니다. 참된 신앙은 고심하고 번민하는 형태를 띠어야 합니다. 이것을 가리켜 '이해를 추구하는 신앙'이라고 부르는 것입니다. 이처럼 신앙은 이해를 인도하고 방향을 지시합니다. 이것이 사실이라면 지성적 이해는 신앙의 전제적 요소여야 한다는 것도 진실입니다.

신앙
지형

노먼 빈센트 필의 '적극적 사고', 로버트 슐러의 '가능성 사고', 조엘 오스틴의 '긍정의 힘', 부르스 윌킨슨의 '야베스의 기도', 조용기의 '건강과 번영의 복음', 김선도의 '로버트 슐러 따라잡기'는 한국 교회의 신앙 지형을 형성하는 데 지대한 영향을 끼쳤습니다. 한국 교회에겐 잃어버린 세월이었다고 말하는 것이 정확한 진단일지도 모릅니다.

신학교

신학교와 신학대학원은 (1) 수도원과 같아야 한다. (2) 사관학교와 같아야 한다. (3) 상아탑 같아야 한다. (4) 영성수련장이어야 한다. (5) 기도원과 같아야 한다. (6) 중고등학교와 같아야 한다. 어느 것이 정답에 가까운 생각일까요?

신학의 태동

복음의 씨앗이 뿌려진 토양의 질과 환경에 따라 다양한 신학의 꽃들이 피어납니다. 남미에서 해방신학과 오순절신학이, 개발독재 아래서 민중신학이, 폭압적인 제도 아래서 여성신학과 흑인신학이, 타국생활에서 이민신학과 순례신학이 나왔습니다. 모두 눈물과 한으로 만들어진 신학들입니다. 하나님의 부르심은 언제나 고통과 절규라는 상황 아래서 태어납니다.

십자가

부활절로 가는 길은 많습니다. 그러나 어느 길도 십자가의 그늘, 즉 우리의 시간성과 하나님의 영원성이 만나는 십자가의 어두운 계곡을 피해갈 수는 없습니다. 그리고 시간과 영원이 만나는 중심부에는 모든 것을 가능케 하시는 그리스도가 계십니다. 우리는 그 십자가의 그늘을 헤쳐가면서 '길'을 만들어가야 합니다.

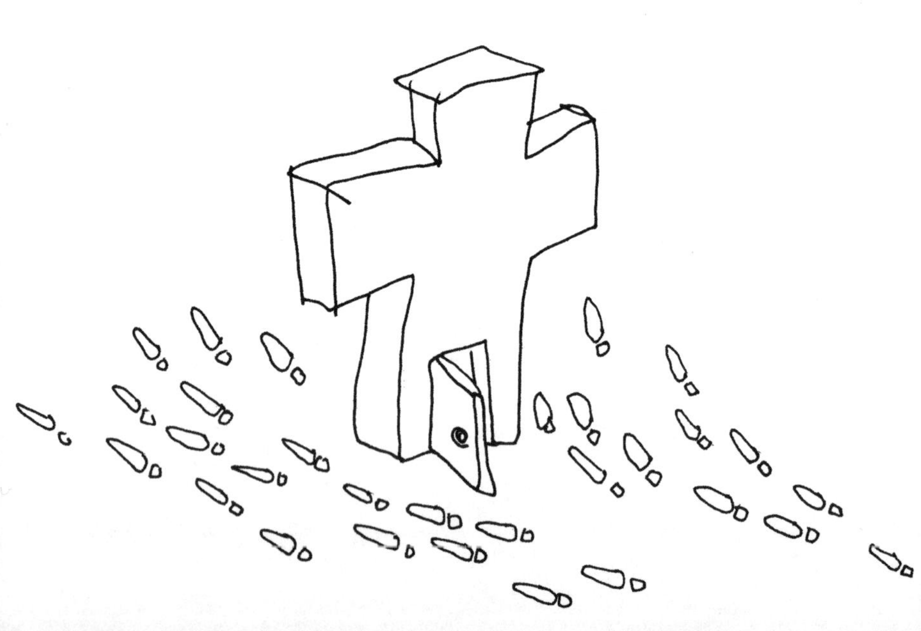

실천

일란성 쌍둥이가 있었습니다. 한 명은 목사였고 다른 한 명은 의사였습니다. 어느 날 의사가 길을 걸어가고 있었습니다. 지나가던 사람은 그가 목사인 줄 알고 이렇게 물었습니다. Are you the one who 'preaches' on sunday?("주일에 설교하시는 분이 당신이지요?") 그러자 의사가 이렇게 대답했습니다. I am the one who 'practices' on every day.("아니오, 저는 평일에 실천하는 사람입니다.")

실향민

에덴동산에서 추방된 뒤부터 모든 인류는 실향민의 신세가 되었습니다. 고향에 대한 그리움과 동경은 우리가 어디에서 왔는지를 알려주는 본능적 자명종입니다. 내가 좋아하는 노래 중 하나는 고복수가 부른 애수에 찬 〈타향살이 몇 해던가〉입니다. 탕자의 귀향처럼, 집으로 돌아가는 길은 언제나 참회의 눈물로 얼룩집니다.

쌍둥이

사람들은 대부분 이란성 쌍둥이로 태어납니다. 의심 많은 도마도 쌍둥이(디두모)였고 에서와 야곱도 쌍둥이였습니다. 쌍둥이로 태어난다는 말은 평생 내가 경쟁하는 또 다른 사람이 내 속에 있다는 말입니다. 야곱인 당신에게 에서는 누구입니까? 도마인 당신 속에 들어 있는 또 다른 도마는 누구입니까? 당신의 쌍둥이 이름은 무엇입니까? 내 속엔 내가 너무 많습니다.

일상신학사전

○

아가페

하나님은 모든 인간을 아가페적 사랑으로 사랑하십니다. 아가페적 사랑은 그에 대한 대가를 되돌려 받을 것을 생각하고 베푸는 사랑이 아닙니다. 아가페적 사랑은 상대방의 장점과 능력, 사랑받을 만한 가치가 없음에도 일방적으로 하염없이 한결같이 베푸는 사랑입니다. 견고한 사랑, 실패하지 않는 사랑입니다. 그런데 이런 사랑을 거절하는 사람들이 있습니다. 하나님의 사랑은 이처럼 좌절을 맛보는 사랑이기도 합니다. 실제로 어떤 사람들은 이런 하나님의 아가페적 사랑을 거절하고 물리칩니다.

아담

아침마다 거울 앞에서 '아담', '아담아', '아다마'를 반복적으로 외쳐보십시오. 무슨 생각이 떠오릅니까? 설명하자면, 히브리어로 '아담'은 인류의 첫 조상의 이름을 가리키는 고유명사지만 보통명사로 사용될 경우는 '사람'을 가리킵니다. 한편 히브리어 '아다마*adama*'는 '흙, 먼지, 티끌'입니다. 따라서 거울 앞에서 "아담아"라고 외치라는 뜻은 두 가지 의미를 동시에 떠올리게 합니다. 호격으로 사용될 경우는 "사람아"라는 뜻이고, 동시에 연음으로 "아다마"라 읽을 땐 "흙덩어리야!"라는 뜻이 됩니다. 우리 인간은 한줌의 재로 돌아가는 흙덩어리입니다. 사순절의 첫날이 '재의 수요일'로 시작하는 것은 인간의 유한성과 한계성을 인식하라는 부르심입니다.

아버지의 기도

저 하늘 아래 어디서 그는 무엇을 하고 있을까? 그에게 잠잘 곳은 있을까? 먹을 것은 있을까? 말할 친구는 있을까? 함께 걸어갈 길벗은 있을까? 그를 환대해줄 사람은 있을까? 없을 거야! 은혜만이 방황하는 영혼이 기댈 수 있는 마지막 언덕일 거야.

아이
러니

"그리스도의 재림은 너무도 환상적이고, 너무도 꿈과 같아서 아이러니하게도 사람들은 더 이상 그리스도의 재림에 관한 희망을 꿈꾸지 않습니다." _프레드릭 뷰크너

아이콘

컴퓨터 화면에 아이콘들이 있습니다. 아이콘을 누르면 그 아이콘이 가리키는 가상의 세계 속으로 들어갑니다. 예수는 하나님의 아이콘(형상)입니다. 예수를 천천히 깊게 누르면 그가 가리키는 하나님의 왕국으로 들어가게 됩니다. 나를 누르면 어느 세상이 뜰까요? 참 궁금합니다.

아침 기도

오늘도 '하루'(오늘)라는 선물을 감사히 받아 값지고 유용하게 사용하겠습니다.

악수례

이스라엘의 수상이었던 이삭 라빈이 팔레스타인 해방기구의 수장인 야세르 아라파트와 중동평화조약에 사인하고 이를 악물고 악수례를 하면서 남긴 말. "평화는 친구와 하는 것이 아니라 원수와 하는 것이다."

십자가 위에서 하나님은 자기의 원수인 우리에게 악수를 청하셨습니다. 우리가 아직 연약할 때에, 우리가 아직 죄인 되었을 때에, 우리가 그와 원수 되었을 때에 그의 아들의 죽으심으로 말미암아 하나님과 화목하게 되었습니다(롬 5:6, 8, 10).

안면 인식 장애

얼굴을 못 알아보는 안면실인증은 전문 의학 용어입니다. 시편의 탄식시의 핵심 주제 중의 하나이지요. 하나님께서 내 얼굴을 알아보지 못하실 때, 나를 외면하실 때, 안면 몰수하실 때, 이때야 말로 정말 힘들고 괴로운 생지옥입니다(시 13:1-2). 탄식기도는 하나님께 "저를 기억해주세요"라는 부르짖음으로 시작합니다.

애도

대표적인 미국의 복음주의자 릭 워렌 목사가 사랑하는 아들 매튜(27살)를 잃었습니다. 아들은 지난 금요일에 고통스럽고 버거운 악마의 병, 우울증의 마벽을 넘지 못하고 스스로 목숨을 끊었습니다. 자녀를 잃은 슬픔을 어디서 위로받겠습니까? 고통스런 일입니다. 외아들을 잃어버린 경험이 있는 하나님도 그의 마음을 위로해주실 것입니다.

애착

세상적인 것들에 애착을 갖는 것은 움켜쥔 주먹과 같습니다. 그러나 이것이 슬프고도 불행한 이유는 움켜쥔 것들을 볼 수도 즐길 수도 없다는 점입니다.

앵커

요동하는 삶에 중심을 잡아주는 닻이 어디 있을까? 풍랑 이는 바다에 떠 있는 일엽편주를 고정시켜줄 영원한 앵커를 어디서 발견할 것인가? 영원에서 심해에 이르는 앵커 말입니다. 위대한 발견을 위해 오늘도 무릎을 꿇고 하늘을 쳐다봅니다.

양손 잡이

하나님의 왼손에는 심판의 칼이, 하나님의 오른손에는 회복과 치료의 약이 들려져 있습니다. 그리고 언제나 마침내 하나님의 오른손은 하나님의 왼손을 덮습니다. 재앙과 심판이 하나님의 마지막 말씀이 아닙니다. 여기에 우리의 희망이 있습니다. 심판 중에도 긍휼을 잊지 아니하시는 하나님을 기억할 때입니다. "주님, 진노 중에라도 긍휼을 잊지 마옵소서"(합 3:2).

어디로

오늘처럼 가랑비가 오락가락하는 이른 아침에 패스트푸드점 창가에 앉아 커피를 마시면서 창밖을 내다봅니다. 이슬비 사이로 백인이 백색으로 걸어갑니다. 무심히 그들의 발걸음을 쳐다봅니다. 어딜 저렇게 바삐 가는 것일까요? 삶은 속력이 아니라 방향이며, 목적지보다 여정이라는 말이 살갑게 다가오는 아침입니다.

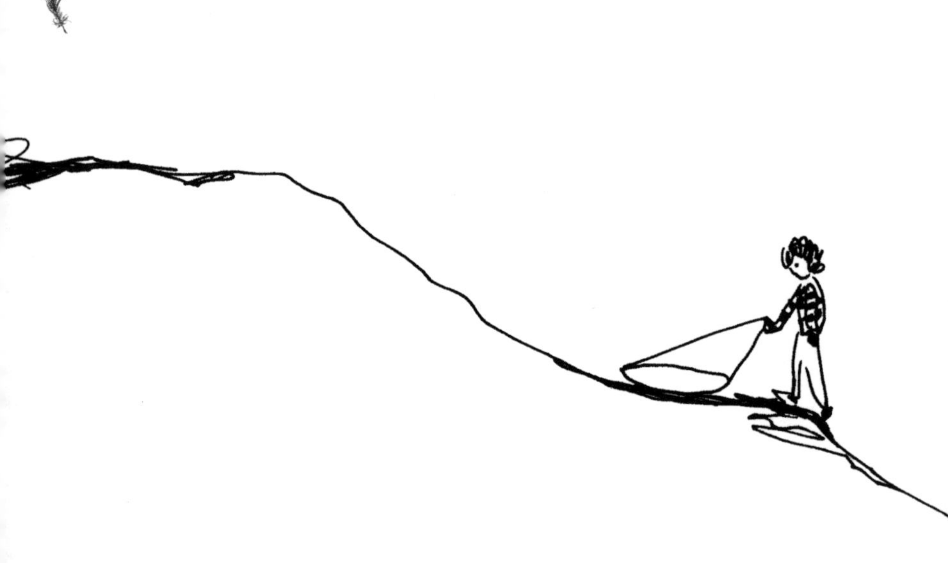

어디쯤

나는 십자가의 길 끝자락에 부활의 언덕이 있다는 것을 믿고 또한 알고 있습니다. 그러나 고민스런 문제는 지금 내가 서 있는 곳이 십자가의 길 가운데 어디쯤인가 하는 것입니다. 어디쯤 가고 있는 것일까요?

어불성설

말이 안 되는 말들이 있습니다. 대표적인 것으로 (1) 선물교환 (2) 봉사료가 있습니다. 선물은 일방적이고 의외성이란 특징이 있습니다. 그러므로 받을 것을 예상하고 선물을 교환하는 것은 어불성설입니다. 봉사 역시 공짜로 섬기는 것이지 돈을 받기 위해 하는 것이 아닙니다. 그런데 크리스마스에 교회에서 선물교환이란 것을 해서 좀 그렇고, 레스토랑이나 호텔에서 봉사료를 받아서 좀 그렇습니다.

어중이들

교단 정치판에 참신성과 도덕성과 혁신성과 경건함을 지닌 메시아적 인물의 출현은 불가능한 일인가요. 한국 교회의 몰락은 교단 정치를 통해 권력을 잡아보려는 어중이들 때문입니다.

어쩌다

"의사가 말하는 것은 듣지만 의사가 사는 대로 따라 살지는 마시오." 이 말을 목사들과 신학자들에게 그대로 적용한다면, "목사(신학자)들이 말하는 것은 들으시오. 그러나 그들의 삶은 절대로 본받지 마시오!" 어쩌다 이 지경이 되었나요. 오래전 예수님께서 바리새인들을 두고 하셨던 말씀인데….

억눌린 영혼들

영혼이 떠난 창백한 얼굴로 무표정하게 앉아 있는 청중을 보니 측은하고 비통한 마음이 듭니다. 인간성을 상실해가는 조직원의 슬픈 화상을 보는 것 같습니다. 경탄과 경이, 자유로움과 설렘으로 특징 지어져야 하는 모임이 무언가 모를 공포의 구름에 덮여 있습니다.

얼굴

그리스도 공동체 안에서는 옳고 그름을 가르는 일이 생각보다 그리 중요하지 않습니다. 공동체에 가장 중요한 것은 "서로 사랑하느냐", "서로를 환대하느냐", "서로를 받아들이느냐"는 것입니다. 교회 공동체의 원형으로서 삼위일체 하나님은 환대하는 공동체를 이루고 있기 때문입니다. 환대는 서로의 얼굴을 바라봄으로써 시작됩니다. 얼굴 없는 사회는 폭력성을 특징으로 합니다.

여론법

대한민국에는 성문법보다 더 높은 국민정서법이라 불리는 독특한 여론법이 있습니다. 문제는 인터넷 포털사이트의 여론몰이를 통해 대중 조작이 가능하다는 것입니다. 국민감정은 인터넷을 타고 국경을 넘나들며 위력을 발휘하는 초강력 '군마' 입니다. 이것에 걸려들면 합리적 정의에 상관없이 아무도 벗어날 수 없습니다. 국민정서법은 무법적 폭력 주체로 군림하지만 집단적 익명성 때문에 누구도 책임을 지지 않습니다. 때론 반이성적인 가축 본능에 따라 행동을 하지만 누구도 통제하지 못합니다. 국민정서법을 극복하지 못하면 선진 민주주의로 가는 길은 아득하고 요원할 것입니다.

여유

그레고리안 영창의 마음 저미는 선율이 깊
어가는 가을 오후 햇살과 함께 창문을 타고
흐릅니다. 배고픔을 만회한 넉넉한 오후입
니다. 미끄러지듯 찾아온 몽환적 오수午睡
속에서 신성한 수도원의 뜰 안채를 걷고 있
는 중입니다. 분주한 도심지에서 여백이 있
는 삶을 구가하기란 여간 어려운 일이 아닙
니다.

여인들

출애굽기 1-2장에는 하나님이 보이질 않습니다. 고역의 땅 애굽, 죽음의 나일 강, 미디안 광야, 모세의 아들 게르숌("거기서 이방인이 되었다")으로 가득합니다. 동시에 이 본문에는 당시에 사람 취급받지 못한 여성들로 가득합니다. 모세의 어머니와 누이, 산파들, 바로의 공주가 있습니다. '하나님의 부재' 가운데서 이들은 위대한 구원을 이루는 매개가 되었습니다.

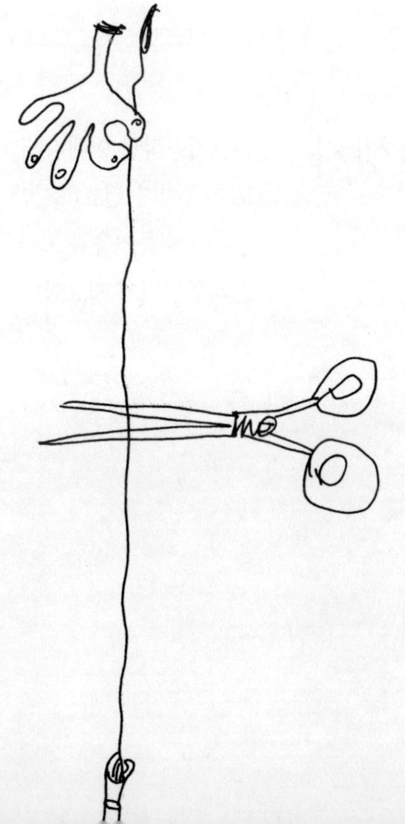

여정　　　아브라함이 걸었던 길을 거의 2천 년이 지
난 어느 날 동방의 점성가들이 걷기 시작
했습니다. 그들 모두 하나님의 부르심에
응답하여 길을 떠났던 사람들이었습니다.
신앙은 여정입니다. 같은 방향으로 오랫동
안 순종하며 걷는 것입니다. 똑바로 걷되
우아하게 걷는 일입니다.

여행자　　　목적지향적인 여행자에겐 엔진 성능이 좋
은 자동차가 필요하지만 과정지향적인 여
행자에겐 즐거움과 고단함을 함께 나눌 영
혼의 동반자가 필요합니다.

역사

영원으로부터 영광스럽고 찬란하고 눈부시게 시작한 태초(창 1-2장)는 다시금 영원으로 이어지는 영광스럽고 찬란하고 눈부신 종말(계 21-22장)로 종결됩니다. 그 가운데는 인간 역사가 엉망진창으로 널브러져 있습니다. 어쨌건 하나님은 멋진 시작자요 종결자이십니다. 하나님은 끝내주는 분이십니다!

인간과 우주의 역사가 이미 작성된 두루마리 각본에 따라 태초부터 진행되고 전개되었다고 생각해서는 안 됩니다. 인봉된 역사의 두루마리가 어떻게 전개되는지는 오직 역사의 주관자인 하나님과 그의 죽임당한 어린양만 아십니다. 그분은 기계적 우주와 역사를 만들어 사전에 프로그램화하지 않으셨습니다. 우리가 불러야 할 노래는 이것입니다. "죽임당하신 어린양이시여! 두루마리를 가지시고 그 인봉을 떼기에 합당하시도다. 일찍이 죽임을 당하시어 각 족속과 방언과 백성과 나라 가운데에서 사람들을 피로 사서 하나님께 드리사 그들로 우리 하나님 앞에서 나라와 제사장들을 삼으셨으니 그들이 땅에서 왕 노릇 하리로다"(계 5:9-10 참고).

열정

"춤을 추려면 남이 보고 있지 않는다고 생각하고 춤을 추세요. 노래를 하려면 남이 듣고 있지 않다고 생각하고 노래를 부르세요. 삶을 살려면 오늘이 마지막 날이라 생각하고 매일을 사십시오." 알프레드 수자의 시입니다. 열정적으로 살라는 뜻이겠지요?

염려

사람이 살면서 걱정하지 않을 수는 없습니다. 그러나 걱정하려면 항상 내일 하도록 합시다. 내일 하는 걱정은 수백 번 해도 아무런 해가 되지 않습니다. 내일 일은 아무도 모르기 때문입니다. 하루하루 살 뿐입니다. 한 날의 고생은 그날에 족한 법입니다. "내일 일을 위하여 염려하지 말라. 내일 일은 내일이 염려할 것이요. 한 날의 괴로움은 그날로 족하니라"(마 6:34).

영감
교리

만일 축자逐字 영감 교리가 성경에 있는 각
각의 모든 단어가 성령에 의해 선택되었거
나 그의 직접적인 인가를 받았다는 것을
의미한다면 그런 교리는 수용될 수 없습니
다. 그것은 극단적인 기계적 영감설의 위
장된 모습입니다. 덧붙이자면, 축자영감은
영어의 verbal inspiration의 번역으로
verbal은 일차적으로 언어적言語的, 어구
적語句的, 구두적, 의사표현이란 뜻이 있고,
이차적으로 축어적, 문자적으로란 뜻을 갖
고 있습니다.

예배

예배가 감정의 고양을 목적으로 한다면, 그것은 종교적 경험이지 신앙의 본질은 아닙니다. 달리 말해 장미꽃으로 화사하게 치장한 십자가입니다. 예배의 대상은 하나님입니다. 예배는 예배자의 감정을 만족시키기 위해 준비된 정기 종교행사가 아닙니다. 그러므로 조너선 에드워즈가 말하는 종교적 정서는 마땅히 계발해야겠지만 그것이 슐라이어마허가 말하는 종교적 경험으로 변질되는 일은 없어야 하겠습니다.

예배와 삶

사람은 자기가 생각할 때에 가장 가치가 있다고 생각하는 것을 예배합니다. 이런 이유 때문에 좋은 예배는 하나님을 찬양할 뿐만 아니라 우리의 도덕적 행동양식을 형성합니다.

예배의 원형

예배는 하나님만을 높이고 경배하는 복스럽고 성스러운 예식입니다. 예배에서 우리는 그가 행하신 위대한 일들을 '기억'하고 앞으로 전개될 하나님의 위대한 일들을 '기대'합니다. 혹시 우리의 예배들이 예배자의 기분과 느낌과 분위기를 중요시하고 있는 것은 아닌지 돌아보아야 합니다. 죽임당한 어린양을 중심으로 천상에 펼쳐지는 장엄한 예배 광경은 지상에서의 우리들 예배의 원형입니다. 헨델의 오라토리오 〈메시아〉 가운데 애잔하면서도 장엄한 곡 〈죽임당하신 어린양〉을 들어보십시오(계 4장 참고).

예약

여러분이 잡아놓은 예약들 중에 가장 중요
한 예약은 예수님과의 약속입니다. 예약을
잊지 마십시오.

예언서

예언서를 숙독해보십시오. 갈라진 집안分 裂의 한가운데 서서 한편으로는 깨지고 상처 입고 힘들어하는 사람들과 또 다른 한편으로는 무정하고 빈정대고 무감각한 사람들을 향해 목 놓아 외쳤던 구약 예언자들의 심정이 어떤 것인지 어렴풋하게나마 느끼게 될 것입니다.

예정

참새가 땅에 떨어지게 되었다면 그것은 하나님의 뜻에 의한 것이라고 말하기보다 그분의 지식(앎) 안에서 일어난다고 말해야 합니다. 내가 암에 걸리게 되었다면 그것은 하나님께서 그것을 의지하셨고 예정하신 일이라고 해석해서는 안 됩니다. 암에 걸리게 되었다면 그것은 하나님의 임재와 하나님의 인지(지식)의 바깥에서 발생하는 것은 아니라는 뜻입니다. 그러므로 인간의 가장 비참한 순간에라도 하나님의 구원의 문은 열려 있다는 고백입니다.

옛날
거지

옛날 거지는 찬밥 더운밥 가리지 않습니다.
요즘 거지는 찬밥 더운밥 가립니다. 절실하
게 하나님의 은혜를 갈망하는 옛날식 거지
이고 싶습니다. 주일마다 우리는 하나님의
식탁에 둘러앉은 거룩한 거지 떼입니다. 이
말이 믿어지는 사람들은 '아멘'으로 응답
해보십시오.

오래된 부부

그들은 조심스럽고도 주의 깊게 그리고 정
성스럽게 삶을 가꿔오면서 오랜 세월 함께
살아온 사람들입니다. 때론 각자의 관심사
를 뒤로 물리고, 때론 각자의 실패와 잘못
을 용서하고, 풍요할 때나 빈곤할 때나, 기
쁠 때나 슬플 때나, 병들었을 때나 건강할
때나 한결같이 서로를 사랑하면서 수많은
세월을 지내온 사람들입니다. 그들 중 한
사람이 다른 사람을 하나님의 팔 안에 놓게
될 때 즈음, 그들은 사랑했던 상대방 없인
자기가 누구인지조차 알지 못하게 됩니다.
사랑이란 이런 것입니다.

오용 　교회나 학교나 기관에서의 예배와 설교는
그 조직이나 기관의 체제유지를 위한 선전
용 도구로 전락해서는 안 됩니다.

오월

춘설의 매화로 시작하여 진달래, 민들레, 개나리, 수선화, 목련, 달래, 유채, 모란, 영산홍, 철쭉, 패랭이꽃, 라일락, 벚꽃, 산유화 등이 저만큼 보일듯 말듯 뒷산 모퉁이를 돌아 뒷모습을 남기며 떠나갑니다. 어느새 연둣빛 신록이 아련하게 펼쳐집니다. 대자연을 캔버스 삼아 하늘의 팔레트에서 뿌려지는 부드러운 연두색상이 물감 퍼지듯이 샤방샤방 퍼져나갑니다. 찬란한 오월의 신부처럼.

오직 성경

하나님을 좋아한다고 하면서 왜 그분이 쓴 책은 안 읽을까요? 풀어야 할 미스터리입니다. 특별히 '오직 성경'이라는 종교개혁의 구호를 중요시 여기는 개신교에서 성경을 가볍게 취급하는 것은 아이러니한 일입니다. 개신교 교회의 예배 시간에는 목사가 설교하기 위해 성경 몇 절 정도를 읽기는 하지만, 성경봉독 자체를 예배 예식의 중요한 순서로 삼는 경우가 오히려 로마 가톨릭교회에서 발견된다는 것은 참으로 우스꽝스런 역설입니다.

옥한흠

고전적인 목사의 귀감을 보여주신 옥한흠 목사의 천국으로의 귀향이 못내 서운하고 아쉬운 건 진정으로 양들을 사랑하는 착한 목자들보다는 개인의 명예와 업적을 이루려는 성공 지향적 목축업자들이 많아지는 우리 시대의 교회상과 무관하지 않습니다. 양들에게 필요한 것은 목자이지 목축업자가 아닙니다. "나는 선한 목자라. 선한 목자는 양들을 위하여 목숨을 버리거니와 삯꾼은 목자가 아니요 양도 제 양이 아니라. 이리가 오는 것을 보면 양을 버리고 달아나나니 달아나는 것은 그가 삯꾼인 까닭이다"(요 10:12-14 참고).

온유

예수님은 오로지 강한 사람만이 할 수 있는 방식으로 온유하고 겸손하셨습니다. 약한 자의 온유나 무력한 자의 겸손은 아니었습니다. 그렇지 않았다면 그것은 비굴이었고 비참이었습니다. 천방지축의 야생마를 잡아다 강하게 훈련하여 그 야생마의 넘쳐나는 힘을 일정한 방향으로 배출하게 할 때 탁월한 경주마가 됩니다. 온유와 겸손은 이와 같습니다. 모세가 그런 경우의 대표입니다. "이 사람 모세는 온유함이 지면의 모든 사람보다 더하더라"(민 12:3).

온정과 냉정

꼬이고 꼬인 헤어드라이어의 줄은 전기 열이 통과하면서 서서히 펴지기 시작합니다. 꼬이고 꼬인 인간관계는 따스한 열기가 올라와야만 서서히 풀어질 수 있을 겁니다. 냉정은 마음 밭을 얼게 만들지만 온정은 마음의 빗장을 열게 합니다.

왕궁 건설

애굽의 바로가 히브리 노예를 동원하여 국고 성을 건축한 것이나 신천지 같은 이단의 교주가 세뇌당한 신도들을 노예화하여 자신의 왕국을 건설하는 것이나 일부 대형교회 목사들이 교인들을 도구화하여 교회를 자신의 왕국으로 만드는 것이나 모두 비슷한 유형입니다. 모두 바로가 되겠다는 발버둥입니다.

왕진
가방

목회자들은 제너럴리스트(박학자)일까요, 스페셜리스트(전문가)일까요? 굳이 하나만 찍으라면 어느 것이어야 할까요? 의학 용어로 다시 묻자면 목회자는 일반의여야 할까요, 전문의여야 할까요. 그런데 혹시 테러리스트일까 봐 두렵습니다. 옛날 시골 동네에 왕진 가방을 들고 이곳저곳을 찾아 다녔던 의사 선생님이 그리워집니다.

왕진 목사

탁상 행정가들은 시장에 나와 보지 않고서도 서민들의 물가를 알 수 있다고 생각하는 이론가들입니다. 탁상 설교자들 역시 교인들의 삶을 심방하지도 않고 진리를 말할 수 있다고 생각합니다. 성육신 교리의 핵심은 찾아오시는 하나님에 있습니다. 방문하시는 하나님입니다. 우리의 이름을 기억하시고 찾아오시는 하나님입니다. 심방의 의미는 이처럼 우주적 함의를 갖고 있습니다. 잃어버린 사람들, 방황하는 사람들을 찾아가는 것이기 때문입니다. 왕진의사처럼 왕진목사가 절실하게 필요한 시대입니다. 왕진이란 의사가 병원 밖의 환자를 찾아가서 진료하는 것입니다.

외형과 마음

사람들은 당신의 허리사이즈를 쳐다보지만 하나님은 당신의 배꼽을 쳐다보십니다. 그래서 예배란 하나님께 배꼽인사를 드리는 것입니다!

요나단

살아오면서 나는, 언제나 나를 위해 뭔가를 채워주는 요나단 같은 친구가 절실하게 필요했던 다윗이라고 생각했습니다. 그러나 나이를 먹어가면서 이제 내가 드리는 기도는 "하나님, 저를 요나단과 같은 친구가 되게 해주십시오" 입니다.

용기

모든 사람들이 보고 있을 때, 혹은 그 길만
이 살아남는 일이라 생각 들 때, 용서를 구
하고 사죄하는 것은 어렵기는 해도 그렇게
어려운 일은 아닐 것입니다. 그러나 아무도
모르고 있을 때 자발적으로 자기 죄를 고백
하는 일은 상당한 용기가 필요할 것입니다.

용서

우리 각 사람들은 친구나 사랑하는 사람들이 저지른 잘못과 실수들을 파묻을 특별한 장지葬地 하나씩은 마련해두어야 합니다. 장지 값은 그리 비싸지 않습니다. 예수께서 이미 구입해놓으셨기 때문입니다. "서로 친절하게 하며 불쌍히 여기며 서로 용서하기를 하나님이 그리스도 안에서 너희를 용서하심과 같이 하라"(엡 4:32).

메신저가 메시지에 달려 있는가 아니면 메
시지가 메신저에 달려 있는가?

우연

창조의 대칭 개념은 진화가 아니라 우연입니다. 덧붙여 우연의 대칭 개념은 필연이 아니라 섭리입니다. 이래서 나는 노사연의 〈만남〉 노래를 좋아합니다. "우리 만남은 우연이 아니야!" 그럼 뭐지? "우리 만남은 섭리야!" 개혁신학 전통의 훌륭한 가사입니다.

우회
도로

삶은 직선도로보다 곡선도로인 경우가 많습니다. 고속도로보다는 지방도로가 많습니다. 어느 도로든 종종 우회도로 표지판이 나타납니다. 우회도로 표지판이 보이면 돌아갑니다. 문제는 삶의 여정에는 우회로 안내판 없이 꼬불꼬불 돌아서 가야 할 때가 있다는 사실입니다. 그러나 결코 낭비된 시간은 아닙니다. 예기치 못한 전경에 경탄할지도 모르기 때문입니다.

울음

하나님께 가슴 맺힌 사연이 많았던 한 여
집사님이 있었습니다. 교회에서 기도 중에
울음보가 터질 것 같아서 교회 가기를 꺼려
했습니다. 그러자 어린 딸이 이렇게 말했습
니다. "엄마, 아버지 집에서 울지않으면 어
디 가서 울거예요?"

위로

수난주간에 십자가에 달리신 예수를 생각하면서 하나님도 고통받으실 수 있다는 사실이 우리에게 얼마나 큰 위로가 되는지요. 고통받아본 사람만이 고통의 깊이와 무게를 이해하기 때문입니다. 십자가에 달리신 성자 하나님은 모든 크리스천들에게, 특별히 고난 가운데 있는 자들에게 궁극적 희망이십니다. 위르겐 몰트만의 《십자가에 달리신 하나님》이란 책이 한 시대를 풍미했던 이유를 다시금 상기해봐야 하지 않을까요. 누군가 나를 대신하여 고통받는다면 어찌 그분을 신뢰하고 믿지 않겠습니까?

유두고

유두고를 구하려면 설교자는 본문에 충실해야 하는 동시에 청중들에게 흥미를 느끼도록 해야 합니다. 이 두 가지 목적을 함께 추구하지 않는 설교는 제2, 제3의 유두고 사건과 같은 불상사를 막지 못할 것입니다. 물론 밤이 늦도록 길게 설교한 바울에게도 책임이 없다고는 못하겠지만 말입니다. "유두고라 하는 청년이 창에 걸터 앉아 있다가 깊이 졸더니 바울이 강론하기를 더 오래 하매 졸음을 이기지 못하여 삼 층에서 떨어지거늘 일으켜보니 죽었는지라"(행 20:9).

유목민

창문으로 바깥을 보니 하염없이 비가 내립니다. 멜랑콜리합니다. 학교생활 20년 동안 연구실을 13번 이사했습니다. 다음은 어디로 이사할까? 그것이 궁금합니다. 정처 없는 나그네련가? 크리스천들이 이 세상에서 집을 소유하는 대신에 천막에서 살아야 할 이유입니다. 정착민이 아니라 유목민으로 살아야 할 이유입니다. "이 사람들은 땅에서는 자신들이 외국인과 나그네임을 증언하였으니 그들이 이같이 말하는 것은 자기들이 본향 찾는 자임을 나타냄이로다. 그들이 이제는 더 나은 본향을 사모하니 곧 하늘에 있는 것이라. 이러므로 하나님이 그들을 위하여 한 성을 예비하셨느니라"(히 11:13-16 참고).

유물론

사선을 넘으면서 하나님을 경험했던 탈북자 크리스천들의 눈에 비친 한국 교회와 그 지도자들은 북한 공산주의자들보다 더욱 강력하고 열정적으로 유물론 사상을 신봉하는 집단이랍니다. 어쩌다가 한국 교회가 물신사상, 배금주의, 맘몬주의로 중무장한 황금송아지 숭배 집단이 되었단 말입니까? 슬프다, 조국 교회여!

유언

아일랜드의 극작가 버나드 쇼의 비문에 적힌 글. "우물쭈물하다가 내 이럴 줄 알았지!" 유머와 위트와 지혜의 달인입니다. 버나드 선생님, 고맙습니다. 꼭 저에게 하는 말 같아서.

윤리
수준

도심지나 지방이나 우리나라엔 왜 이렇게 러브호텔이 많은 겁니까? 그러니까 공직자들 가운데 섹스 스캔들이 많은 거겠지요. 참으로 한심스런 세태입니다. 외도하는 것을 아무렇지 않은 남자의 객기 정도로 생각하는 인간들이 얼마나 많은지요! 교회는 신자들에게 개인 윤리뿐 아니라 사회 윤리에 대해서도 가르쳐야 합니다. 열매를 보아 그 나무를 알 수 있기 때문입니다. 윤리성을 상실한 종교는 껍데기에 불과합니다.

음감

하나님의 악보에 대한 절대음감이 있다면 얼마나 행복할까? 인생에서 장조의 때와 단조의 때를 구별하고, 템포와 표현 기술에 따라 천상의 악보를 멋지게 연주할 수 있다면 얼마나 좋을까? 우리는 제대로 연주할 줄 모르는 것 같습니다. 천상에서 들려오는 음에 예민하게 귀 기울여 그 음조를 잡아내는 사람은 복 받은 사람이어라(렘 17:5-8).

음악

"나는 음악을 신학 다음으로 높이 평가합니다. 음악을 통해 모든 분노를 잊게 되고, 음악을 통해 마귀가 쫓겨나가고, 우울증과 많은 환난들과 악한 생각들이 물러갑니다. 음악은 낙담한 영혼에 가장 좋은 위안이 됩니다." 마르틴 루터의 말입니다. 사울 왕의 정신적 편집증과 정신분열적 증상을 음악과 악기 연주로 치유하였던 궁중 악사 다윗을 생각하게 됩니다.

응원석

"잘했어!" "괜찮아!" 장충체육관에서 열린 신학대학원 체육대회 응원석에서 들려오는 두 외침이었습니다. 듣고 보니 매우 신학적인 외침이었습니다. 하나님 아버지께서 신앙 경주를 하는 우리를 향해 외치시는 소리입니다. 우리가 잘 달리면 "잘~했어" (짝자짝짝) 3번, 우리가 넘어지면, "괜찮아! 괜찮아! 괜찮아!" 들을수록 감동적인 아버지 하나님의 목소리입니다.

의심

열 번 잘해도 한 번 잘못한 것을 기억하는 것이 인간의 마음입니다. 인간의 마음은 이처럼 본래 악한 것에 경도되어 있습니다. "만물보다 거짓되고 심히 부패한 것은 사람의 마음이라. 누가 능히 이를 알랑가 몰라!"(렘 17:9 참고)라고 탄식한 예언자 예레미야의 '의심의 해석학'을 다시금 생각해 봅니다.

이단의 진화

사이비 종교로 시작한 기독교계 이단들은 결국 거대 기업으로 탈바꿈하여 맘몬왕국으로 진화해갑니다. 통일교는 세계평화가정연합이란 단체로, 박태선의 신앙촌도 이젠 사멸해가는 기업으로, 신천지 역시 이단교가 아니라 교주의 친인척 자녀들에게 대물려 줄 기업으로 마침내 변신할 것입니다. 이런 점에서 대형교회들을 일구어낸 창업 1세대 목회자들이 자신의 자녀들에게 대물림하는 것 역시 일종의 교회 기업화 현상으로 설명할 수 있습니다.

이미와 아직

바울 신학에서 '이미와 아직'이라는 종말론적 구도를 스위스의 신약신학자 오스카 쿨만은 은유적으로 2차 세계대전의 D-day와 V-day의 관계로 멋지게 표현했습니다. 그리스도의 십자가 사건을 통해 사탄 제국과의 전쟁은 이미 대세가 판가름 났고 그리스도의 왕권은 수립되었고 사탄의 진지는 초토화되었지만, 아직 마귀의 잔당을 소탕하는 작은 전투들은 남아 있다는 뜻입니다. 그리스도인들은 마귀 세력을 소탕하는 작진에 부르심을 받은 군사들입니다. 공중에 권세 잡은 세력들을 물리치기 위해 날마다 우리는 영적 전투를 치르고 있습니다. 최후 승리를 확신하면서 말입니다.

이사야 1

예언자 이사야, 그는 예루살렘의 중앙에 있었으나 언제나 역사의 변방의 사람이었고, 권력의 변방에 있었으나 언제나 역사의 중앙에 있었던 사람입니다(대하 26:22; 32:32; 사 6장 참고).

이사야 2

유다 왕 아하스와 부득불 대립각을 세워야 했던 예언자 이사야는 그 일로 얼마나 큰 고난을 당했을까(사 6장), 북이스라엘의 악명 높은 왕 아합 밑에서 궁내대신을 지냈던 신실한 오바댜는 얼마나 큰 압박과 설움을 당했을까(왕상 18장). 분당分黨에서의 삶이 부과하는 괴로움은 필연적인가. 에덴의 동쪽에 사는 모든 신실한 크리스천들의 고민스런 질문입니다. 정의롭게 산다는 것은 십자가의 길로 들어선다는 것을 뜻합니다.

원칙과 상식이 통하는 사회, 반칙과 특권이 없는 세상, 이런 세상을 꿈꾸는 것이 정말 일장춘몽일까요? 성숙한 나라가 되려면 이런 세상에 대한 열망을 가져야 합니다. 어린아이에서부터 백발의 노년에 이르기까지 모든 국민이 꿈꿀 희망의 사회상 말입니다.

이상한 조합

참 믿음은 하나님의 '과장되어 보이는 약속들'에 절망하면서도 그 약속들에 대한 희망의 끈을 놓지 않는 것입니다. 정직한 기도란 이러한 이상한 조합을 계속하는 것입니다. 믿음과 의심, 확신과 고민이 어떻게 조합을 이루고 있는지, 그 이상한 조합의 비밀은 오로지 하나님만 알고 계시기 때문에 기도가 필요한 것입니다.

이야기

구성이 잘 짜여진 이야기는 언제나 청중에게 감동을 줍니다. 그러나 명령이나 권고나 훈계는 마음에 울림을 주지 못합니다. 문학 작품을 읽으면서는 눈물을 흘리지만 육법전서를 읽으면서 마음에 감동을 받는 일은 지극히 드물 것입니다. 아마 설교는 전자에 속한 장르여야 합니다.

이원론

신성한 것들聖과 세속적인 것들俗로 구별 짓지 말고 신성한 것들과 신성모독적인 것들로 나누어보십시오. 일상의 모든 것들은 거룩하고 신성한 목적을 갖고 있습니다. 그러나 그 신성한 목적이 왜곡될 때 일상은 신성모독이 될 수 있습니다. 우리는 언어, 성, 돈, 일, 관계 등을 신성모독으로 만들 수 있습니다. 평범한 일상에서 그리스도가 의도하신 목적들을 제거하는 것보다 더 심한 신성모독은 없기 때문입니다.

인간성 회복

인종차별, 신분차별, 성차별은 십일조나 성수주일과 같은 전통적 율법을 어기는 것보다 더 큰 악이며 신성모독적이며 반창조신학적 죄들입니다. 하나님의 형상대로 지음을 받은 인간에 대한 차별과 압제와 학대는 창조주에 대한 도전이기 때문입니다.

인문학

인문학은 제대로 말하고, 제대로 쓰고, 제대로 생각하도록 가르치는 것을 목적으로 삼습니다. 인간다움을 배우고 인간됨의 문양文樣을 파악해내는 것을 배우는 학문입니다. 신학생들에게 인문학이 필수적인 선수과목先手科目이 되어야 하는 이유입니다.

인성

최소한 우리 자신의 인성人性을 회복하기 위해서라도 우리에게 인자人子가 절실하게 필요합니다. 그렇지 않으면 우리 속의 야수성野獸性이 우리를 삼킬 것입니다(단 7장 참고).

인자

개의 새끼는 개(강아지)이고, 소의 새끼는 소(송아지)입니다. 種種에 관한 표현입니다. 이와 같은 방식으로 생각하면, 하나님의 아들神者은 하나님이고, 사람의 아들人子은 사람이란 뜻입니다. 그러므로 하나님의 아들이시며 사람의 아들이신 예수는 곧 "예수는 하나님이시며 사람이시다"라는 고백입니다. 이것이 니케아 신조(325년)의 핵심입니다.

일반
은총

다원종교 사회에서 종교 간의 화해와 협력은 일반은총common grace적인 면에서 필요합니다. 불자가 정말로 제대로 된 불자라면, 천주교인이 제대로 된 천주교인이라면, 기독교인이 제대로 된 기독교인이라면, 이슬람교도가 제대로 된 이슬람교도라면, 이 세상은 훨씬 밝고 행복하고 안전한 곳이 될 것입니다. 대부분의 종교에는 짝퉁들이 많아서 문제입니다.

일상

일상은 무한한 보물단지며 광대한 도서관입니다. 일상을 관찰하며 얻는 즐거움과 기쁨은 영혼을 살찌우고 삶의 맛과 멋을 한층 더해줍니다. 물론 때론 영혼의 맷집을 길러주어 웬만한 비바람에도 거뜬합니다.

일상의 기적

아침에 열고 나간 문을 저녁에 다시 닫고 들어올 수 있다는 것보다 더 위대한 일상의 기적은 별로 없습니다. "여호와께서 너의 출입을 지금부터 영원까지 지키시리로다"(시 121:8).

일치

기도를 멈추는 죄를 짓지 않겠다고 말한 사사 사무엘이 이스라엘의 왕을 선택할 때는 외형적인 조건(스펙)들을 일차적 기준으로 삼는 실수를 일곱 번씩이나 반복적으로 저질렀다는 사실에 나는 새삼 놀라 실소를 금치 못합니다. 기도생활과 일상생활에는 어떤 연결고리가 있어야 하지 않을까요?

임재

큰 실망 가운데 엠마오로 내려가던 두 제자 중 한 사람은 글로바였고 다른 한 사람의 이름은 알려지지 않았습니다(눅 24:13-18). 아마 우리들 중의 하나가 바로 그 이름 없는 사람일 것입니다. 부활하신 예수님이 그들의 낙심과 실망의 길로 함께 걸어 들어갔지만 그들은 그분을 알아차리지 못했습니다. 비록 우리가 그분의 동행을 알아차리지 못한다 하더라도 그분은 우리의 실망과 좌절 속에 함께 동행하시고 임재하실 것입니다. 우리는 이 사실을 두 손 모아 믿습니다.

임종

나와 동시대를 살았던 타격의 달인 장효조 씨가 병상에서 아내에게 남긴 마지막 말, "여보, 나 먼저 천국에 가야겠어. 그동안 잘 해줘 고마웠어. 사랑해…"였습니다. 임종 시에 남편이 아내에게 건넬 수 있는 최상의 선물일 것입니다.

입총

몇 해 전에 돌아가신 선생님께서 시편 수업 시간에 '악인의 혀'에 대해 하시던 말씀이 생각납니다. "혀는 치사율이 가장 높은 치명적인 무기입니다." 신체 폭력의 상처는 며칠 가면 아물지만 언어 폭력의 내상은 평생 갑니다(약 3장 참조). 교회나 학교나 직장에서 권총에 맞아 죽는 사람은 없지만 입총과 말총, 눈총에 맞아 신음하는 사람은 수없이 많습니다. 물론 은총으로 다시 살게 되지만 말입니다.

일상신학사전
—
ㅈ

자기애

우리가 살고 있는 세상은 자기연민에 깊숙이 빠져 있는 세상입니다. 자기애에 깊이 함몰되어 있는 세상입니다. 자기중심, 자기성취, 자기만족, 자기계발, 자기확신, 자기긍정을 목표로 삼는 시대입니다. '나 우선 증후군'이 널리 확산되어 있는 세상입니다.

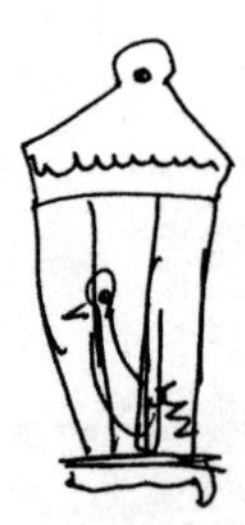

자기
중심

북반구에 살다 보니 남반부가 있다는 것을
새까맣게 잊고 삽니다. 언제나 자기중심적
입니다.

자기
확신

자기확신이 강하고 커질수록 타인에 대해 거칠고 사나워지고 모질고 가차 없고 독단적이고 급하고 차갑고 무정하고 무자비하고 지배적이 됩니다. 종교와 신앙의 경우는 더더욱 그러합니다. 이것이 광신적 신자들이나 이단 신도들의 특색입니다.

자기
훈련

예비역들은 요즘 군인들이 영 마음에 들지 않는다고 합니다. 군기가 빠진 약골이라는 것입니다. 현역 목사들은 요즘 신학생들이 변변찮다고 개탄합니다. 개성은 강하면서도 실무 능력은 많이 떨어진다는 뜻입니다. 당장 투입해서 써먹으려 해도 무디거나 준비가 되어 있지 않다고 불평합니다. 그래서 신학교수인 내게 "뺑뺑이를 돌려서라도 좀 세게" 가르쳐달라고 부탁합니다. 자기들도 그랬다는 사실은 모른 채 말입니다. 개구리가 올챙이 시절을 잊는 것과 같습니다. 평생 자기훈련의 끈을 놓아서는 안 된다는 사실을 기억했으면 좋겠습니다. 오히려 현역에 있으면서 책을 멀리하거나 보지 않는 목회자들이 의외로 많다는 것은 앞으로 한국 교회에 다가올 불행의 징조입니다.

자랑질

자기의 위대함을 겸손으로 위장하여(골 2:18) 장황하게 연설하는 사람을 보고 있노라면 역겨워지기보다는 연민의 정이 듭니다. 현대 종교인들 가운데도 느부갓네살의 교만 유전인자를 물려받은 사람들이 의외로 많습니다. 오호 통재라. 은퇴한 유명 감리교 목사가 평생 자기가 이룬 업적을 DVD에 담아 보여주면서 자신의 삶은 전적으로 하나님의 은혜라고 자랑하며 2시간의 집회를 인도하는 모습을 보고 든 생각이었습니다.

자발적 섬김

자발적 섬김이야말로 기독교인의 가치체계에서 가장 위대하고 높은 가치입니다. 세상의 가치체계를 뒤집어엎는 가히 혁명적인 가치관입니다. 성육신은 이러한 자발적 섬김의 원형적 모델입니다. 크리스천들은 성육신하신 하나님을 따라 자발적 섬김을 실천하는 사람들입니다.

자아 발견

석가탄신일 다큐멘터리 한 편을 보았습니다. 종교다원주의 학자로 유명한 미국 유니언 신학교의 폴 니터 교수가 2010년 12월 말에 대구 동화사를 방문하여 참선參禪을 배우면서 받은 법명이 진아眞我라 합니다. '참된 나', '진짜 나'라는 뜻입니다. 진아는 그 사찰의 주지 승려라는 분이 그에게 던진 화두이기도 하였습니다. "내 부모가 나를 낳기 전에 있었던 나는 누구이던가?" 참된 자아를 발견하는 것이 선불교의 목표라고 하며, 자아를 찾아 떠나는 길이 곧 모든 중생들이 마음의 고향을 찾아가는 길이라고 하는데… 오늘같이 비 오는 날에 한 번쯤 신앙적으로 생각해봐야겠습니다. 내가 누구인지.

자연
도서관

다윗의 영성은 기도원이나 신학교나 세미나에서가 아니라 '자연 도서관'에서 형성되었습니다. 목동 시절 그에게 하늘과 땅, 초원과 시내, 달과 별과 태양, 바람과 구름, 나무와 새들, 심지어 들짐승들은 모두 그의 영혼을 위해 세워진 우주 도서관의 책이었습니다.

자작
나무

가을이 되면 생각나는 나무가 있습니다. 자작나무입니다. 특별히 흰색 자작나무는 청아하고 단아한 여운을 남깁니다. 하늘거리는 자작의 노란색 단풍에 태고의 안온함이 깊게 드리웁니다. 로버트 프로스트의 시 〈자작나무〉를 한 수 나누어보십시오. 가만히 내려앉은 하늘과 바삭거리는 가을 소리가 애잔하게 들리는 주말 오후에 제격일 겁니다.

자존감

당신은 다른 사람이 갖고 있지 않은 당신
만의 아름다움을 갖고 있습니다. 당신은 당
신이 생각한 것보다 훨씬 아름답습니다.

잠언

열 명의 친구를 사귀기보다는 한 명의 원수
를 만들지 마십시오. 당신의 곤고한 날에
열 사람의 친구는 당신을 위해 변호하지 않
을 테지만 한 사람의 원수는 당신을 대항하
여 일어설 것입니다.

잡티

순진무구한 갓난아기의 얼굴을 쳐다보다
이런 생각이 들었습니다. 왜 사람은 나이를
먹으면 잡티를 비롯해 온갖 지저분한 것들
이 얼굴에 생기는 것일까? 신앙의 연륜이
쌓이면서도 순결과 순수성을 유지할 수 있
는지 궁금합니다.

장례식

누군가 죽으면 한국 크리스천들은 "천국에 갔다"라고 합니다. 반면에 서양의 크리스천들은 "주님과 함께 있게 되었다"라고 말합니다. 죽음에 대한 흥미롭고 대조적인 이해입니다. 성경은 뭐라고 할까요? 성경은 일반적으로 후자의 손을 들어줍니다. "우리가 담대하여 원하는 바는 차라리 몸을 떠나 주와 함께 있는 그것이라"(고후 5:8). "그 후에 우리 살아 남은 자들도 그들과 함께 구름 속으로 끌어 올려 공중에서 주를 영접하게 하시리니 그리하여 우리가 항상 주와 함께 있으리라"(살전 4:17). 천국은 물리적 장소 개념이라기보다는 실존적 임재 개념이 강한 은유적 용어입니다.

장애자

우리들은 므비보셋들입니다(삼하 9:13). 우리는 자기만의 불구와 장애와 약점을 가진 장애자들입니다. 불사조 같았던 그리스의 영웅 아킬레스에게도 아킬레스건이 있었습니다. 약할 때 강함 되시는 하나님이시여, 우리를 불쌍히 여기소서! "내가 그리스도를 위하여 약한 것들과 능욕과 궁핍과 박해와 곤고함을 기뻐하노니 이는 내가 약한 그때에 강함이라"(고후 12:10).

저항

강하고 거대한 조직과 체제 앞에서 의연하게 저항하면서도 넉넉하게 웃을 수 있는 자는 행복하여라. 그에게 하나님의 왕국 시민권이 주어지리라. 서슬 퍼런 바로 앞에서 점잖은 농담을 던질 수 있었던 두 분의 산파가 그리워지는 계절입니다. "의를 위하여 박해를 받은 자는 복이 있나니 천국이 그들의 것임이라"(마 5:10).

저항 문학

다니엘서는 폭압적 칼의 권력에 펜으로 맞선 지하 저항문학의 꽃입니다. 이 점에서 계시록과 유사합니다. 하나님나라는 반드시 짐승의 나라를 압도할 것입니다.

전공

예수님의 전공분야는 '구원'입니다. 예수님의 전공분야를 빼앗으려는 모든 시도들은 다 이단적입니다. 구원은 '종교적 달리기'(인간의 노력)로 성취될 수 없기 때문입니다. _아리우스에 반하여

전도

전도는 결코 호객행위가 아닙니다. 요즈음 우리가 말하는 전도는 차라리 교회 홍보라고 부르는 편이 훨씬 낫고 더 정직한 말일 것입니다. 전도傳道는 문자적으로 "길을 알려주는 일"입니다. 길을 잃고 방황하는 사람들에게 "내가 곧 길이라"(요 16:4)라고 말씀하신 그분을 소개하는 것이 전도입니다.

전도서

전도서의 메시지를 현대적으로 축약하자면, (1) "아, 옛날이여! 덧없는 인생의 무상함이여!"(헛되고 헛되며 헛되고 헛되니 모든 것이 헛되도다.) (2) "삶을 축하하고 즐겨라." (3) "죽는다는 것을 기억하라"로 설명할 수 있습니다.

전망대

세상을 제대로 바라보려면 가장 좋은 각도에서 바라볼 수 있는 높은 전망대가 필요합니다. 신학에선 그 전망대의 이름을 '종말론'이라 부릅니다. 끝에서 보면 모든 것이 제대로 보이기 때문입니다.

전문가

전문가를 자처하는 사람일수록 생각이 꽉 꽉 막혀 있어! 의학이 발달할수록 전문의들이 많이 나오지만, 종종 수술은 성공적인데 사람이 죽었다는 웃지 못할 일들이 벌어집니다. 신학의 경우도 마찬가지입니다. 세분화되고 전문화되다 보니 생명에 대한 통전적이고 유기적인 생각을 놓치기 일쑤입니다.

전쟁과 승리

미사일과 전투기와 함정과 대포는 전쟁의 날을 위해 준비되었지만, 전쟁에서의 승패는 전적으로 하나님께 달려 있습니다. "여호와의 구원하심이 칼과 창에 있지 아니하니 전쟁은 여호와께 속했기 때문이로다"(삼 17:47; 대하 20:15 참고).

전적 부패

"인간은 전적으로 타락하고 부패했다"(전적 부패 교리)고 말하는 것은 인간에게 도덕적 감각이 없다고 말하는 것도 아니고 인간 안에 탁월성이 없다는 뜻도 아닙니다. 인간이 전적으로 부패하였다고 말하는 것은 인간은 자신의 존재 중심부에 있어서 자신의 참된 존재 목적이 아닌 다른 것들을 섬기려는 우상숭배적 성향이 있다는 것을 가리키는 문구입니다.

전진기지

크리스천의 삶은 사방으로 전선戰線이 형성되어 있습니다. 더 이상 전방과 후방의 구분은 없습니다. 기독교인이 되는 날로부터 최전방에, 최전선에 투입된 것입니다. 기독교 교회는 이 세상 한가운데 있는 천국의 전진기지입니다. 비록 D-day는 이미 왔지만 아직 우리에겐 V-day가 남아 있습니다.

절대 권력

어느 날 갑자기 독재자가 되는 것은 아닙니다. 권력이 무너질지도 모른다는 두려움 때문에 독재는 심화됩니다. 그러나 어느 권력이든 절대 권력은 부패하고 반드시 붕괴합니다. "하늘에 계신 이가 웃으심이여"(시 2:4).

절망

싱싱한 사과 99개가 썩은 사과 한 개를 거
듭나게 하지 못하지만, 한 개의 썩은 사과
가 99개의 싱싱한 사과를 다 썩게 합니다.
악화는 양화를 구축한답니다. 어찌할꼬?

정상과 계곡

산 정상에서 내려다보는 계곡 풍경은 참 아름답습니다. 그러나 계곡에서 올려다 보는 정상 또 다르게 아름답습니다. 고난의 계곡에서라도 잠시 위를 쳐다보기를 바랍니다. 바닥 치는 사람들을 위한 글입니다.

정의

"재판은 하나님께 속한 것인즉 너희가 재판할 때에 외모를 보지 말고 귀천을 차별 없이 듣고 사람의 낯을 두려워하지 말 것이며 스스로 결단하기 어려운 일이 있거든 내게로 돌리라. 내가 들으리라"(신 1:17). 대한민국 검찰청과 법원 정문에 붙여 암송시켜야 할 문구입니다.

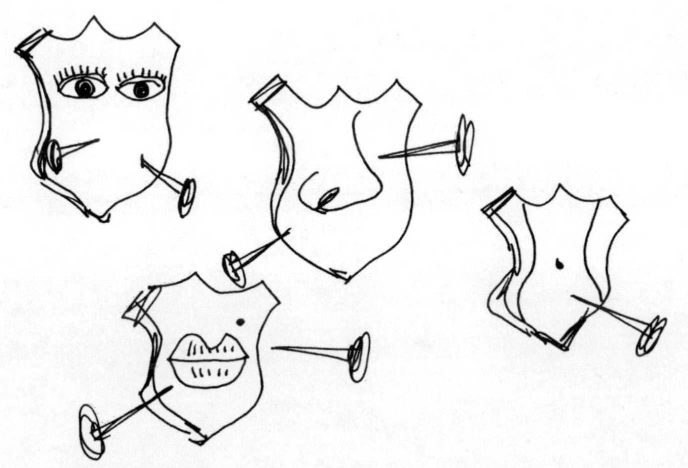

정의와 예배

주일에 하나님을 예배할 수 있는 최소한의 자격은 일주일 동안 일상에서 정의를 추구하며 사는 일입니다. 정의는 예배로 가는 디딤돌입니다. 정의의 열매가 없는 예배는 공허하며 위선적입니다. 놀랍게도 오늘날의 예배들은 이중적 삶을 사는 사람들의 종교적 몸짓들로 가득 차 있습니다. "너희가 손을 펼 때에 내가 내 눈을 너희에게서 가리고 너희가 많이 기도할지라도 내가 듣지 아니하리니 이는 너희의 손에 피가 가득함이라"(사 1:15).

정의와 평화

구약의 예언자들이 꾸었던 꿈은 '정의와 평화가 포옹하는 세상의 도래'였습니다(사 11:4-9 참고). 정의가 이루어지는 곳에 샬롬이 깃들기 때문입니다. 공정한 사회, 정의로운 사회가 이루어지려면 먼저 정의로운 사람들이 사회와 종교의 지도자들이 되어야 합니다. "사람아 주께서 선한 것이 무엇임을 네게 보이셨나니 여호와께서 네게 구하시는 것은 오직 정의를 행하며 인자를 사랑하며 겸손하게 네 하나님과 함께 행하는 것이 아니냐"(미 6:8).

정의 지표

한국 사회에 깊이 뿌리박혀 있는 악습 중에 하나는 약자에겐 한없이 강하고 강자에겐 한없이 약해지는 것입니다. 이 악습 안에는 교만과 비굴이 황금비율로 자리 잡고 있습니다. 이중인격적 성향이 많다는 뜻입니다. 한 국가나 사회가 개화되었는지 여부는 경제적 지표가 아니라 정의에 대한 사회적 인식 수준에 달려 있습니다.

정체성

이 세상을 초월했던 자만이 이 세상 안에서 기독교인처럼 살 수 있습니다. 기독교인들은 저 세상에서 온 사람들이라는 자기 정체성을 분명히 갖고 있을 때만 이 세상을 초월해서 살 수 있습니다. 그들에겐 이 세상이 본향도 본국도 아니기 때문입니다. 그들은 이 땅에 거주하는 외국인 거주자들입니다. 이 세상에 살지만 이 세상에 속하여 살지는 않는 무리들입니다. "내가 세상에 속하지 아니함같이 그들도 세상에 속하지 아니하였사옵나이다"(요 17:16 참고).

정 치 적

나도 기독당원(그리스도당원)이지만 정치권
에 기웃거리는 목사들은 하루 속히 자기 본
연의 일터로 돌아가야 합니다. "기독당에
얼굴을 내보이는 목사님들이여, 그런 일을
하라고 교회가 당신들에게 사례금(월급)을
주는 것은 아닙니다." 기독당을 창당하고
정치권에 기웃거리는 목사들을 보면서 드
는 생각이었습니다.

정치적 문헌

성경은 처음부터 마지막까지 정치적 문헌입니다. "누가 이 세상을 다스리는가?" "우리는 누구에게 충성을 맹세해야 하는가?" 이것이 이 정치적 문헌의 핵심 질문입니다. 하나님을 주군으로 섬길 것인가 아니면 그 외의 것들에게 충성을 바칠 것인가? 이것이 문제입니다.

제2의
본성

“제 버릇 개 못 준다”는 속담이 있습니다. 굳어진 습성을 바꾸기란 피부색 바꾸는 것처럼 불가능하다는 말입니다. 그러나 크리스천들은 제2의 본성도 있음을 믿습니다. 십자가의 길을 통한 죽음을 통해 얻은 본성입니다. 일명 크리스천의 미덕이라는 것입니다. 성령의 아홉 가지 열매나 여덟 가지 행복의 상태는 모두 십자가의 길을 통과한 세례 받은 이들이 갖추는 덕목들입니다. 크리스천의 삶 속에 깊이 배어 있는 덕들입니다.

제자도

"나를 따르라." 이 한마디는 기독교를 집약해놓은 말입니다. 기독교는 신념들의 체계가 아닙니다. 기독교는 삶의 방식이며 걸어가는 길입니다. 제자도는 교회 성장을 위한 프로그램도, 신학교에서의 강좌 제목도 아닙니다. 제자도는 입과 귀로 하는 것이 아니라 손과 발로 합니다.

제철

분별력이 없거나 시도 때도 구분하지 못하면 철딱서니가 없다, 철이 덜 들었다고 말합니다. 그러나 삶에 대해 뭔가 알 만하면 철이 들었다고 합니다. 제철 과일이 좋듯이 사람도 제때 철이 든 사람이 좋습니다. 너무 일러도 너무 늦어도 제 맛이 나지 않습니다. 하나님이 정해주신 제때가 있기 때문입니다. 그런데 "철이 들자 망령이 난다"는 옛말이 마음에 걸립니다. 뭔가 인생과 삶과 사랑에 대해 알 만하자 인생의 끝자락에 오게 된다는 말입니다. 오, 삶의 단명성이여! 삶의 어리석음이여! 그렇다면 사시사철 늘 푸른 상록수는 어떠한가요? "시냇가에 심은 나무가 철을 따라 열매를 맺는 것처럼 주님의 가르침에 붙어사는 사람은 행복하여라"(시 1편 참고).

제한
속죄

"그리스도의 속죄는 제한적"이라고 말할 때는 그리스도께서 얼마간의 사람들만을 위해 죽었다는 의미가 아니라, 인간의 외고집과 완악함 때문에 그리스도의 속죄가 모든 사람에게 유효한 것이 아니라는 뜻입니다. 용서를 받았지만 용서를 받아들이지 않는 사람은 용서받지 못한 상태로 계속 남아 있게 됩니다.

조각 모음

머릿속 하드 용량을 조사해보았습니다. 구제불능인 배드 섹터도 많고, 파일들이 엉켜 있어 조각 모음을 해야 할 부분도 많고, 무엇보다 지워야 할 쓸모없는 파일들이 많습니다. 사용해야 할 공간은 한정되어 있는데 어쩌나요. 사랑만 하고 살아도 모자랄 인생을 헛된 일에 낭비하는 어리석음에 빠지지 않기를 소원합니다.

조합　　잊어야 할 것을 잊고 기억해야 할 것을 기
억하면 얼마나 좋을까요? 망각과 기억의
조합이 일관성 있고 절묘하게 이루어진다
면 개인과 사회와 국가와 세계는 훨씬 평화
롭겠지요. 망각과 기억의 완벽한 메커니즘
을 갖고 계신 하나님을 닮을 수는 없는지
그것이 궁금합니다.

존경

존경은 받는 것이 아니라 버는 것입니다. 명예는 땀 흘려 버는 것이지 가만히 앉아서 받는 것이 아닙니다. 지도자를 자처하는 사람들이 두고두고 마음에 심어야 할 문구입니다.

존재

사람을 세 부류로 나눈다면, 존재의 피로감을 주는 사람, 존재의 안정감을 주는 사람, 존재의 부요함을 주는 사람입니다. 주님의 4등분 구분(돌밭 인간, 가시덤불 인간, 길가 인간, 옥토 인간)보다는 저의 3등분 구분이 훨씬 삼위일체적이지 않나요?

졸부

종교적 졸부들은 대부분 열등감의 희생물들이며, 그들은 이 열등감을 위장하기 위해 권위주의적 힘을 강력하게 행사하려 듭니다.

종교
개혁

신앙문법에서 하나님은 언제나 주어입니다. 그분을 목적격이나 부사나 조사로 사용하려는 모든 노력은 종교개혁 이전의 시대로 돌아가려는 행위입니다. 하나님을 사용하려는 모든 노력은 결국 우상숭배입니다.

종교
의무

종종 종교는 예배를 의무감으로 수행하게
만듭니다. 마치 세금을 추징당하면 구시렁
대며 내듯이 의무감에 비롯된 예배 역시 그
러합니다. 예를 들어 "교회에 가야 해", "착
해야 한다", "기도해야 한다" 등과 같은 의
무감은 신앙이 종교가 될 때 일어나는 경화
현상입니다.

종교
행상인

한국 기독교 안에는 종교 고객들의 입맛에 맞는 잡다한 종교 상품들을 들고 다니면서 팔아 사적인 이익을 챙기는 종교 행상인들이 의외로 많습니다. 어떤 사람들은 리어카에, 어떤 사람은 삼륜차에, 어떤 사람은 럭셔리한 대형버스에, 어떤 사람은 대형 운동장에, 어떤 사람은 컨벤션 센터에 좌판을 벌이는 종교 장사꾼들입니다. 모두 개인적 이득을 위해 장사하는 종교 행상인들입니다. 많은 사람들과는 달리 우리는 개인적 이익을 챙기기 위해 하나님의 말씀을 파는 행상인이 아닙니다(고후 2:17). 고객의 입맛에 맞는 상품들로는 어떤 것들이 있을까요.

좋음

'good man'을 한글로 번역하면 (1) 좋은 사람 (2) 착한 사람 (3) 선한 사람이 됩니다. 하나님께서 지으신 이 세상을 가리켜 'good creation'이라 하는데, (1) 좋은 창조 (2) 착한 창조 (3) 선한 창조가 됩니다. 'good pastor'는 (1) 좋은 목사 (2) 착한 목사 (3) 선한 목사가 됩니다. 어느 번역이 괜찮아 보입니까? 좋음, 착함, 선함이 용도마다 뉘앙스가 다르게 느껴집니다. 흥미 있게도 창세기 1장에 집중적으로 사용되는 단어가 '토브του'('좋음'으로 번역되었음)입니다. 히브리어 '토브'는 넉넉한 상태, 아름다운 모습, 더없이 좋은 상태, 부족함이 없이 가득 차 있는 상태, 질서가 있고 조화로울 때, 잘 어울릴 때, 평안할 때를 가리키는 폭 넓은 뜻을 가지고 있습니다.

죄와 지옥

지옥은 하나님께서 창조하신 것이 아닙니다. 지옥은 공간 안에 존재하는 장소도 아닙니다. 지옥은 끝까지 하나님께 대항하거나 아니면 하나님으로부터 도주한 사람들이 처해 있는 상태를 가리킵니다. 하나님께 대항하거나 그가 싫어서 그의 낯을 피하여 멀리 도주한다면 그것이 죄가 아니고 무엇이겠습니까? 바로 그런 죄인들이 처한 상태를 지옥이라 부르는 것입니다.

죄인들

죄인들에는 두 가지 부류가 있습니다. 괜찮은 죄인들과 몹쓸 죄인들이 있습니다. 전자에는 등급이 있지만 후자에는 등급이 없습니다. 대부분의 교인들과 목사들은 자기들이 전자에 속해 있다고 생각합니다. 바리새인들이 그랬던 것처럼 말입니다. 그러나 하나님은 몹쓸 죄인들을 좋아하십니다(눅 18:9-14).

주객
전도

예수께서 여러분의 집에 오시면 그 시간부
터 그분은 여러분의 집의 '주인'이 되시고
우리는 그의 '손님'이 됩니다. 주객이 바뀌
는 것입니다. 우리의 신앙은 그분의 환대로
부터 싹트기 시작합니다.

주군

구약성경에서 '사랑'이란 단어는 정치적 용어입니다. 고대근동의 전통에 따르면 주군에게 목숨을 바쳐 충성하겠다는 표현을 할 때 '사랑'이란 단어를 사용합니다. 이러한 관점에서 신약성경을 읽는다면 "예수님을 사랑한다"는 말의 의미가 분명하게 떠오를 것입니다. 단순히 감정적인 차원의 개인적 사랑이 아니라 하나님 왕국의 주군이신 예수님께 목숨을 바쳐 충성하겠다는 뜻이 됩니다. 이것이 구약과 신약을 관통하는 '왕국신학'의 정수입니다. 하나님께서 다스리시는 왕국 안에서 살면서 절대적 대왕이신 그분께만 온전한 충성을 다 바치겠다는 것이 신약에서 말하는 제자도이며 "사랑한다"는 말의 본뜻이기도 합니다.

주인

한때 나는 자동차 범퍼 스티커로 "My boss is Jewish Carpenter"를 달고 다녔습니다. 어느 날 어떤 분이 다가와서 "나도 영어를 알거든!" 하는 표정으로 "선생님은 건축업에 종사하시나 보죠?"라고 물었습니다. 속으로는 "당신 미장이지요?"라고 물었겠지요. 나는 당당하게 "예, 건축업자입니다"라고 대답했습니다. "여보세요, 내 평생 유일한 주인님은 유대인 목수 예수님이시거든요!"라고 속으로 말하면서.

주일

일요일, 즉 주님의 날을 가장 잘 보낼 수 있는 방법은 지난 일주일 동안 행한 자신의 행동을 반성하고 평가하는 것입니다. 기도와 예배를 통해 그러한 노력을 함으로써 우리는 기독교적 제자도를 다시 수립하고 새롭게 할 수 있게 될 것입니다. "이 날은 여호와께서 정하신 것이라. 이 날에 우리가 즐거워하고 기뻐하리로다"(시 118:24).

죽음

죽음을 생각하면 삶의 우선순위들이 의외로 쉽게 결정됩니다. "죽는다는 사실을 기억하라."

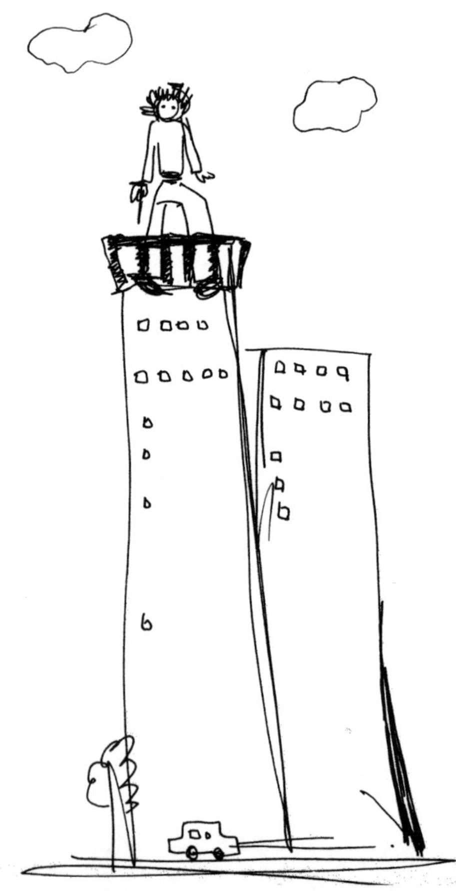

중심부

개울가에 무릎을 꿇었던 다윗처럼 우리도 생명의 물가에 무릎을 꿇으면, 세상의 중심부를 발견하게 됩니다. 그러면 우리는 흔들리지 않고 설 수 있을 것입니다. 어떤 일을 당하든지 기꺼이 상대할 준비가 된 것입니다. 골리앗마저도!

중의법

"하나님은 끝내주는 분이야!"라는 말은 중의적 표현으로 (1) 하나님은 종결자야! (2) 하나님은 쿨하시고 재미있는 분이야! 이런 뜻이겠지요.

지도력

진정한 지도자는 아랫사람에게 책임과 함께 권위도 위임할 줄 아는 사람입니다. 쪼잔한 지도자는 소소한 것들에 간섭하며 자신의 위엄과 명예만을 추구하지만, 탁월한 지도자는 큰 그림을 제시하고 공유된 비전과 공유된 이야기를 구성원들에게 설득력 있게 제시하여 따라오게 합니다.

지도자

국민들은 정치 사회 지도자들에게 무흠한 도덕적 성자상을 요구하지 않습니다. 그들이 바라는 지도자는 도덕적 일관성을 가진 사람입니다. 한국 교계의 지도자들은 영적 파워나 교세를 자랑하는 헛되고 유치한 행태를 멈추고 도덕적 일관성을 지닌 경건한 지도자들로 거듭나야 합니다. 내면의 건강을 돌아보는 기회를 정규적으로 가져야 할 것입니다.

지방과 지역

한국에선 '지방'이란 말과 '지역'이란 용어가 헷갈리게 쓰이는 것 같습니다. '지방'이란 용어는 임금이 있는 한양을 중심으로 저 아래쪽, 낙후된 곳, 변방, 변두리, 소외된 곳, 시골이란 느낌이 많이 듭니다. 전제 군주 시대적 용어처럼 들립니다. 반면에 '지역'이란 용어는 독립된 개체성이 돋보이며 좀 더 평등한 느낌이 듭니다. 다음의 단어들을 생각해보십시오. 지방 대학과 지역 대학, 지방 정부와 지역 정부, 지방 교회와 지역 교회 등등. 이런 의미에서 수도권 중심의 사고방식은 우리나라 국민 모두가 함께 풀어야 할 숙제입니다. '지방'을 교회에 적용한다면 동네교회 정도고, '중앙'이라 할 때는 큰 교회, 유명한 교회, 대형교회 등을 말하는 격이 됩니다. 참 아쉬운 마음입니다. 지역교회들의 개체성이 살아나야 좀 더 평등하고 공교회적이 될 것입니다.

지붕

석양을 배경으로 경사가 급한 지붕 위에 균형을 잃지 않고 서서 아름다운 음악을 연주하는 지붕 위의 바이올리니스트. 크리스천들 역시 위험천만한 이 세상에서 균형을 잃지 않고 멋진 리듬을 만들어내야 하지 않을까요.

지상
교회

깨어지고 일그러졌지만 그래도 아름답습
니다. 지저분하고 더럽지만 그래도 예쁘고
사랑스럽습니다. 상처투성이고 추한 몰골
이지만 그래도 애잔하여 보듬어주고 싶습
니다. 병들고 기력이 없습니다만 아직도
열정은 있습니다. 질그릇 같지만 그 속엔
보화가 있습니다. 주님의 몸인 지상 교회
입니다.

지옥의 온도

무더위에 무엇을 생각하면 좋을까? 지옥? 그렇습니다, 지옥입니다. 지옥은 풀무불이 끓어오르는 곳이기도 하지만, 북풍한설이 몰아치는 한겨울 밤이기도 합니다. 빛이신 하나님으로부터 멀리 떨어진 곳이 지옥이라면 분명히 그곳은 어둠과 추위와 싸늘함과 두려움이 있을 것이기 때문입니다. "저 무익한 종을 바깥 어두운 데로 내쫓으라. 거기서 슬피 울며 이를 갈리라"(마 25:30).

지혜 문헌

구약 성경에는 지혜문헌으로 분류되는 성경이 있습니다. 잠언과 전도서와 욥기입니다. 잠언은 대낮, 전도서는 황혼녘, 욥기는 흑야와 같습니다. 잠언은 지혜 전통의 주류를 이루고 있고, 전도서와 욥기는 비주류 지혜 전통에 속합니다. 교회의 강단에서는 주류적 지혜를 이야기하지만 우리 삶의 실체는 종종 비주류 지혜 전통과 호흡을 같이 합니다. 왜 전도서와 욥기가 우리 마음에 더 와 닿는 것일까? 탄식과 모순과 부조리와 덧없음으로 가득한 인생이기 때문일 겁니다.

지혜서

젊어서는 삶의 신선함을 노래하고(아가), 장
년이 되면 실제적인 지혜를 말하고(잠언),
늙어서는 인생의 덧없음을 이야기합니다
(전도서). 특별히 고난의 흑야를 걸을 때는
욥기를 품에 안으십시오.

진짜 친구

열 길 물속은 알아도 한 길 사람 속은 알 길이 없다더니 사실입니다. 진짜 친구는 상대방 마음속을 알 수 있을 겁니다. 역시 마음을 보시는 하나님만이 유일한 진짜 친구인가 봅니다. 죄 짐을 맡은 우리 구주 어찌나 좋은 친구인지!

진화론

누군가 이렇게 말했답니다. "조금 구겨졌다고 만 원짜리가 천 원짜리 되겠어?" 그런데 이 이야기를 뒤집어 이야기하자면 "빳빳하다고 천 원이 만 원이 되겠어?"가 되는 거 아닌가요. 그렇습니다. 한 종種이 다른 종으로 진화되는 것은 아닙니다. 진화론을 반박하면서 떠오른 생각입니다.

진흙탕

이 세상에서 크리스천의 삶은 마치 진흙탕 길을 걷는 어떤 사람과 같습니다. 고민스런 문제는 옷을 더럽히지 않고 똑바로 우아하게 걸을 수 있을까 하는 것입니다. 한 길 가려는 천성의 순례자가 직면하는 고민스런 질문입니다. "너희는 이 세대를 본받지 말고 오직 마음을 새롭게 함으로 변화를 받아 하나님의 선하시고 기뻐하시고 온전하신 뜻이 무엇인지 분별하도록 하라"(롬 12:2).

질문

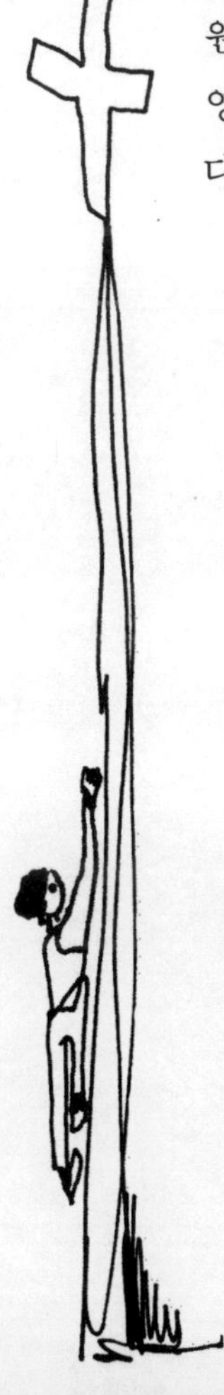

강남 좌파, 리무진 진보주의자, 샴페인 사회주의자, 캐비어 좌파, 여피 좌파, 문화 좌파, 골드칼라 좌파 등과 같은 사회학적 용어 속의 공통점은 무엇일까요. 한국 교회들의 문화 트렌드와는 관계가 있을까요, 없을까요? 교회의 문턱이 점점 높아만 간다는 원성들이 사방에서 들려옵니다. 하나님은 영원히 약자의 하나님이시기를 기뻐하셨다는 사실을 교회는 항상 기억해야 합니다.

징표

북한 사회에서 크리스천들을 식별해내는 방식 세 가지가 있답니다. (1) 두 명이 함께 산에 갔다 온다(기도하기 때문에). (2) 혼자 중얼거리며 다닌다(혼자 성경을 암송하기 때문에). (3) 다른 사람에게 필요 이상으로 친절하게 대한다(희생적 사랑을 배웠기 때문에). 편하게 신앙생활을 하는 남한의 크리스천들은 귀담아 들으십시오.

찢겨진 마음

넘어지는 것이 부끄러운 것이 아니라 주저앉아 일어나지 않는 것이 부끄러운 일입니다. 누구든 도덕적으로 윤리적으로 넘어질 수 있습니다. 부끄럽고 창피스런 일입니다. 그러나 창피를 무릅쓰고 실패와 잘못을 공개적으로 인정하는 용기를 갖지 못한다면 그것이 더 수치스런 일입니다. 물론 이 사실을 알지만 실제로 일어나기는 쉽지 않습니다. 죄의 회개는 뼈를 깎고 심장이 터지는 십자가의 고통을 수반하기 때문입니다. "하나님께서 원하시는 제물은 찢겨진 심령입니다. 오, 하나님, 주님은 찢겨지고 짓밟힌 마음을 멸시하지 않으십니다"(시 51:17, 새번역).

일상신학사전

—

ㅊ

착한 장인

장인 이드로는 하루 종일 백성들의 민원처리를 하느라 피곤한 사위 모세에게 행정 체계를 잘 수립하고 유능한 참모들을 두라고 권면합니다. 참 좋은 장인어른이십니다. 그런데 가만히 생각해보니 아마 자기 딸 십보라를 위해서였던 것 같습니다. 집에 일찍 퇴근해서 가족과 좀 더 많은 시간을 보내라고 한 것 같습니다. 역시 A급 장인입니다. 그에 비하면 라반은 정말 못된 장인이 아닌가 싶습니다.

창조

사람 모양의 흙덩어리에 하나님께서 입 기운을 불어넣자 비로소 사람이 되었고, 사람의 글들에 하나님께서 입 기운을 불어넣자 성경이 되었습니다. 인간 창조와 성경 창조는 동일한 하나님의 입 기운 때문이었습니다. 하나님의 영(입 기운)의 인도 없이는 모두 흙덩어리요 종이에 불과합니다.

창조의 리듬

하나님은 삶의 리듬 박스를 사람 속에 빌트인 시스템으로 집어넣어 주셨습니다. 그러나 이 세상은 침묵과 말, 명상과 활동, 쉼과 일, 건강한 사랑과 건강한 미움 등의 창조의 리듬을 깨뜨리도록 우리를 부단히 유혹합니다. 리듬감을 잃어버린 인생보다 밋밋하고 무료한 것은 없습니다.

창조적

목회자들은 기술자가 아니라 예술가로 부르심을 받았습니다. 그들은 창조주이신 하나님을 닮아 창조적 일에 종사하는 사람들이어야 합니다. 창조는 언제나 생명을 불러내는 일이며, 세상을 생명의 활력으로 가득 차게 하는 일입니다.

책갈피

책을 읽다가 멈춰야 할 일이 있으면 책갈피를 끼워 넣습니다. 아니면 감명을 받은 문장을 다음에 다시 읽고 싶으면 책갈피를 끼워 넣습니다. 내 인생엔 어느 장章에 책갈피가 꽂혀져 있을까요? 놀람, 방황, 좌절, 설렘, 슬픔, 아쉬움, 행복, 기쁨, 이별, 상실, 기다림, 회복, 희망… 각양각색의 책갈피가 삶 속 곳곳에 머물고 있습니다.

처세술

저에겐 세속적인 동시에 신학적인 처세술 세 가지가 있습니다. (1) 죽고 사는 일이 아니면 신경을 끄고 살라. (사람들 사이의 갈등은 대부분 사소한 일들입니다.) (2) 남의 돈 먹고 사는 일이 결코 쉬운 법은 아니라는 것을 기억하라. (이 세상에서의 삶이 결코 만만하지 않다는 사실을 기억하라는 것입니다.) (3) 하늘 아래 믿을 인간은 아무도 없다! (궁극적 신뢰의 대상은 하나님이지 사람은 아니라는 것입니다.) 사람은 사랑과 이해의 대상이라는 뜻입니다.

첫 발

잘못 길든 신앙관을 고치거나 바꾸는 것은 표범의 피부에서 반점을 빼는 것만큼 어렵습니다. 헌 집을 수선하느니 차라리 새 집을 짓는 편이 훨씬 나을 것입니다. 그러므로 무엇이든지 내딛는 첫 발의 방향이 나머지 여정을 결정합니다.

청력

얼마 전 건강검진을 했는데, 내 청력이 나빠졌다고 합니다. 특별히 오른쪽 귀의 청력이 많이 안 좋은 것 같다는 설명입니다. 그래도 괜찮습니다. 잃은 것이 있으면 얻는 것도 있는 법입니다. 나의 대한 나쁜 말을 들을 수 없으니 좋고, 나의 대해 칭찬하는 소리 역시 잘 들리지 않아서 좋고, 무엇보다 세상의 소음을 덜 듣게 되어서 좋을 것입니다. 물론 영적 청력만 떨어지지 않는다면 말입니다.

청문회

한국에서 공직자 청문회가 생긴 이래로 청문회의 전통적인 검증 목록은 주로 세 가지였습니다. 병역 면제, 위장 전입, 부동산 투기였습니다. 최근에 들어와서 두 가지가 추가되었습니다. 성추문과 논문 표절입니다. 적어도 이 다섯 가지를 덕목으로 두루 갖추어야 고위 공직자의 자리에 오를 수 있나 봅니다. 사회의 허약한 도덕적 근력은 궁극적으로 몰락으로 가는 첩경이라는 역사의 교훈을 언제나 배울 것인지 궁금합니다.

청산유수

"말은 번지르르하게 잘하는구먼!" 바리새인처럼 청산유수 같은 기도를 하는 자뻑 크리스천들을 향해 하나님께서 하시는 말씀입니다. 그렇습니다. 기도는 입으로 하는 것이 아니라 발로 하는 것입니다. 삶이 뒷받침되지 않는 기도는 위선이며 가식입니다. "너희가 손을 펼 때에 내가 내 눈을 너희에게서 가리고 너희가 많이 기도할지라도 내가 듣지 아니하리니 이는 너희의 손에 피가 가득함이라"(사 1:15).

체휼

치과에서 3시간 동안 고문당했습니다. 그
래도 위안이 되었던 것은 치위생사가 친절
하게도 "지금은 아프실 거예요"라고 사전
에 일일이 알려주었습니다. 신기해서 "아
픈지 어떻게 아느냐?"라고 물었습니다. 그
러자 "치위생학과에서 공부할 때, 환자들
의 고통을 이해하기 위해 수업 시간에 실제
로 고통을 체험해봤거든요"라고 대답합니
다. 고통을 당해본 사람만이 타인의 고통을
이해하겠지요! 아마 이게 몸소 경험하여
상대방의 고통을 이해하고 그를 불쌍히 여
기는 긍휼의 마음을 가리키는 단어 체휼體
恤의 의미일 것입니다. "우리에게 있는 대
제사장은 우리 연약함을 체휼하지 아니하
는 자가 아니요"(히 4:15).

추석

한국 사람들과 구약의 이스라엘인들은 첫 곡식의 추수를 감사했고(신 26장), 청교도들로 시작된 미국의 추수감사절은 추수를 끝낸 것을(11월 넷째 주 목요일) 감사합니다. 한국의 교회들은 아쉽게도 미국식 추수 감사절 개념을 도입했습니다. 첫 수확의 기쁨과 가득 찬 수확의 기쁨의 차이입니다. 어느 기쁨이 더 큰가요?

추억의 재생

살아오면서 많은 사람을 만났습니다. 그들에 대한 기억이 퇴색하기 전에 몇 자 적어놓고 싶은 생각이 불현듯 듭니다. 이런 저런 추억들이 아롱져 피어오릅니다. 모두가 행복한 순간들로 변화되어갑니다. 루이 암스트롱의 〈What a Wonderful World〉가 흐릅니다.

추억의 퍼즐

왕십리 장정열차. 황산벌. 야간이동. 얼차려. M-1. 총신물고 오리걸음. PT 체조. 12693526. 개목걸이. 삼립 크림빵. 판초 우의. 9월 15일. 진짜 사나이. 건빵. 관물대. 수류탄투척. 열외. 전우애. 화생방. 고문관. PX. 불침번. 화이버. M-16. 숙달된 조교 시범. 선착순. 화랑 담배. 연무대. 용사의 집. 101 보충대. 서울 논산 172킬로미터. 삶의 날줄과 씨줄의 일부분입니다. 사람마다 고유한 문양이 있습니다.

출세

여러 면에서 잘나가는 사람은 집에 돌아오기가 쉽지 않습니다. 출세하면 세상 바깥까지 나가버리기 때문입니다.

출애굽

절필하고 싶을 때, 어디론가 훌쩍 떠나고 싶을 때, 이민 가고 싶을 때, 출애굽하고 싶을 때, 문 걸어 잠그고 싶을 때, 지금이 그러고 싶을 때입니다. 애굽에 너무 오래 있었나 봅니다. 바로의 학정 밑에서 430년 동안이라면 상당한 세월이겠지요.

취약적
사랑

십자가에 달리신 예수 그리스도는 양손을
내린 채로 사각의 링 위에 올라간 권투 선
수와 같습니다. 무수한 폭력적 난타에 자신
을 내어 맡긴 취약적 사랑은 신이 인간에게
걸었던 가장 위험천만한 도박 행위였습니
다. 그리고 그는 잃어버렸던 온 세상을 취
약적 사랑으로 되찾아오셨습니다.

취업률

대학들, 인문계 대학들, 특별히 기독 지성인을 배출할 목적으로 세워진 기독교 대학들이 취업률이라는 굴레에서 벗어나지 못하는 것은 대학을 직업 교육 센터로 만들라는 무언의 압력을 넣는 교육과학부의 유물론적 교육정책과 대학 당국자들의 인문학적 상상력의 부재에서 일차적 책임을 찾을 수 있을 것 같습니다. 직업을 위해서라면 왜 대학을 해야 합니까? 전문대학이야 원래 그런 의도로 만들어졌지만 일반 4년제 대학이 언제까지 취업률 때문에 우왕좌왕해야 합니까? 학생들을 취업시키지 못하는 소위 인문학과는 모두 다 폐지해야 한다는 것인가요? 그건 아니지요!

치명적 무기

사람을 쏘는 총기 중에 가장 치명적인 총기는 무엇일까요? 가정이나 교회나 학교나 직장 생활 중에 이 총에 맞으면 치명적이 됩니다. 상처가 무지하게 오래갑니다. 어떤 총입니까? 권총, 장총, 쌍권총, 따발총? 그런 총이 아닙니다. 정답은 눈총과 입총입니다. 시편은 입과 말과 언어야 말로 가장 치명적인 무기라고 말합니다(약 3장). 물론 방탄 조끼로는 은총이 있습니다! 눈총에 쓰러지고, 은총에 일어납니다.

친구

상대방을 이용할 작정으로 사귀지 않는 사람, 우리의 약점들을 착취하여 자기에게 이익이 되도록 조작하지 않는 사람, 내가 갖고 있는 강점들에 대한 열등감 때문에 그것을 공격하고 흠집 내려고 달려들지 않는 사람, 이런 사람을 친구라 합니다. _유진 피터슨

친구 맺기

친구 관계를 맺는 것은 사귐을 위함이지 영토 확장을 위한 네트워킹은 아닙니다. 이것은 신앙에 대해서도 사실입니다. 그렇지 않으면 교회는 소셜 클럽으로 전락할 것입니다.

친절

16세기 종교개혁 운동의 백미는 '이신칭의以信稱義'라고 합니다. 믿음으로 의롭다 함을 얻었다는 뜻입니다. 하나님의 구원을 받아들이는 수단과 도구는 인간의 행위나 노력이 아니라 하나님의 신실하심을 의지하는 믿음이라는 가르침입니다. 그런데 이신칭의가 있다면 '이친득구以親得救'라는 문구도 있었으면 좋겠습니다. 문자적으로 번역한다면 친절로 구원을 얻게 되었다는 뜻입니다. 불쌍한 두 과부들인 나오미와 룻을 불행에서 구원해낸 것은 보아스의 배려 깊은 친절한 행동*hesed* 때문이었습니다. 이것이 친절이 사람을 구원한다는 뜻입니다. 한 걸음 더 나아가 우리가 구원을 받게 된 것은 하나님의 친절하심(헤세드) 때문입니다.

침묵

침묵은 사고思考할 수 있는 최상의 보금자
리입니다. 침묵하는 1분 동안의 사고는 한
시간 동안 내내 이야기하는 것만큼 가치가
있습니다. 말하기 전에 생각하십시오. 하
나님의 위대한 창조는 하나님의 침묵으로
부터 시작되었습니다. "여호와여, 내 입에
파수꾼을 세우시고 내 입술의 문을 지키소
서"(시 141:3).

침묵의 시간

아내 엘리사벳이 임신하고 있는 동안 제사장 사가랴의 입은 닫혔습니다. 벙어리가 된 셈입니다. 그러나 열 달 동안 그의 눈은 아내의 배가 점점 불러오는 것을 보았습니다. 주님의 오심을 기다리는 크리스마스의 계절은 시끄러운 소음이 아니라 침묵과 고요함으로 채워져야 하는 시간들입니다. '고요한 밤'이 깊게 드리우는 계절이어야 합니다.

일상신학사전
|
ㅋ

컴퓨터 자판

마귀나라에서 사용하는 컴퓨터 키보드에는 delete 자판이 없습니다. 하늘나라 컴퓨터 키보드에는 save 자판이 유별나게 큽니다.

크리
스천의
삶

셰익스피어 같은 학자가 되기보다는 셰익스피어가 되라는 말이 있듯이 예수를 연구해서 신학박사가 되느니 작은 예수가 되는 것이 훨씬 낫습니다. 그렇지 않으면 교회와 신학교에는 수많은 바리새인들만 버티고 앉아 있을 것입니다.

일상신학사전

ㅌ

타국

끔찍한 짐승이 공포의 쇠몽둥이를 규표(圭表)로
삼아 다스리고 있는 낯선 땅에 있게 된 이
방인 같다는 생각이 들 때가 있습니다.

끔찍한 짐승이 공포의 쇠몽둥이를 규표로
삼아 다스리고 있는 낯선 땅에 있게 된 이
방인 같다는 생각이 들 때가 있습니다.

타이밍

천하만사에 다 때가 있습니다. "안을 때가
있고 안는 일을 멀리 할 때가 있으며", "붙
들고 있을 때가 있고 내려놓을 때가 있다."
그 때는 도대체 언제인지요. 시간 맞추기는
언제나 어렵습니다.

탄식

한국의 상당수 교단 정치 목사들의 신학적 윤리적 상식적 수준은 이제 바닥을 친 것 같습니다. 대부분의 경우 열등감에서 비롯된 듯합니다. 명예욕, 과시욕, 권위욕, 물욕 등 너무도 인간적이고 동물적인 욕망의 늪에서 허우적거리는 것 같아 안타까울 뿐입니다. 옛날 구약의 예언자들의 포효가 그리워지는 때입니다. "이스라엘 목자들에게 화 있을진저! 목자들이 양 떼를 먹이는 것이 마땅하지 아니하냐. 너희가 살진 양을 잡아 그 기름을 먹으며 그 털을 입되 양 떼는 먹이지 아니하는구나. 너희가 그 연약한 자를 강하게 아니하며 병든 자를 고치지 아니하며 상한 자를 싸매 주지 아니하며 쫓기는 자를 돌아오게 하지 아니하며 잃어버린 자를 찾지 아니하고 다만 포악으로 그것들을 다스렸도다. 목자가 없으므로 그것들이 흩어지고 흩어져서 모든 들짐승의 밥이 되었도다. 내 양 떼가 모든 산과 높은 멧부리에마다 유리되었고 내 양 떼가 온 지면에 흩어졌으되 찾고 찾는 자가 없었도다"(겔 34:2-6 참고).

탈출기

어느 아줌마의 강남 탈출기. 이것 무지하게 어렵습니다. 롯의 아내를 기억해보십시오. 소돔과 고모라는 지금으로 말하자면 학군 좋고, 명품 가게 많고, 괜찮은 인사들이 많고, 사회적 신분 상승하기 좋은 곳인데, 그곳에서 출애굽하기란 여간 어려운 일이 아닙니다. 어렵사리 끌려서 나오다가 결국 그곳이 그리워 뒤를 돌아본 저 유명한 강남 아줌마, 그녀가 롯의 부인입니다. 아아, 제 자이 길은 밀처럼 쉬운 것은 아닌가 봅니다. 남의 이야기가 아닙니다.

터널
비전

긴 터널 속에 들어가면 뵈는 것이 없습니다. 뵈는 것이라곤 멀리 터널 끝 동그란 세상이 구멍처럼 보일 뿐입니다. 일명 '터널 비전'이라고 부릅니다. 사람은 자신이 확신하는 한 가지에 몰입하다 보면 뵈는 것이 없을 수 있습니다. 이런 사람은 정말 무섭습니다. 그게 신앙일 경우에는 더더욱 무섭습니다. 원리주의자와 광신주의자와 열정주의자들은 언제나 교회와 사회에 골칫거리였습니다. 우리에겐 넓은 세상이 있다는 사실을 아는 넓은 시야가 필요합니다.

테스트　　믿음은 스노 체인을 준비해둔 어떤 사람과
같으니 그는 하늘에서 눈이 내리기를 기다
립니다. 믿음은 우산을 준비한 어떤 사람과
같으니 그는 하늘에서 비가 내리기를 기다
립니다.

토요일　시내산과 시온산 사이 어딘가에, 성금요일과 부활절 사이 어딘가에, 아무런 기억도 없이 아무런 기대감도 없이 무료하게 일상을 살아가는 크리스천들이 있습니다. 그들을 가리켜 '길고 긴 토요일의 사람들'이라 부릅니다. 그들에겐 기억과 기대라는 목발이 절실하게 필요합니다.

통시와 공시

젊어서는 과거에 대한 기억을 통시적으로 했지만 나이를 들면서 과거에 대한 기억은 공시적이 되어갑니다. 달리 말해 역사비평적이었던 경향이 통합적이고 통전적이 되어갑니다. 왜 그럴까요? 두루뭉술하게 되어가는 것인가요, 아니면 넉넉하게 되어가는 것일까요?

통합

원주민과 이주민, 내국인과 외국인, 본토인
과 이방인, 토박이와 나그네, 지구인과 외
계인, 지상인과 천상인, 선임과 신참, 기성
세대와 미완세대, 고용주와 피고용자… 이
런 관계가 통합과 상생이 아니라 갑과 을의
관계로 고착될까 걱정스럽습니다.

퇴장

박수칠 때 떠나야 하나요, 무시당할 때 떠나야 하나요? 퇴장 시간을 맞추는 것은 고도의 지혜가 필요합니다. 떠날 시간과 떠날 곳을 찾고 있습니다. 매우 오래된 숙제인데 아직도 못 풀고 있습니다. 오호라, 나는 곤고한 자로다!

특새

가을이면 찾아온다는 전설의 새, 특별한 새, 특새가 떴습니다. 마치 UFO처럼 신비로운 광채를 발산하며 하늘 높이 떴습니다. 특새를 보기 위해 수많은 인파가 구름 떼처럼 몰려들었습니다. 그 새를 쳐다보는 자마다 황금복덩어리가 굴러들어온다는 전설이 있기 때문이었습니다. 보통 사람들은 신화 같은 그 전설을 철석같이 믿었습니다. 아무도 나서서 총으로 그 특새를 쏘아 떨어뜨리려 하지 않습니다. 누가 특새를 쏘아 떨어뜨려 그 실체의 허구를 보여주려나요?

일상신학사전

ㅍ

파격

고정관념에 사로잡힌 크리스천들, 그들에게 하나님은 언제나 정사각형입니다. 그러나 '자불라니' 공처럼 둥근 하나님도 있다고 말해주십시오. 헌데 둥근 하나님을 '자불라면' 어려울 걸요.

패거리

김연아의 라이벌인 아사다 마오가 트리플 악셀 점프를 시도하다 앞으로 넘어졌습니다. 미소를 숨겨가며 에둘러 안됐다는 말을 하지만 상당수의 한국 사람들이 그녀가 빙판에서 넘어진 것을 보고 은근히 기뻐하는 모습을 보면서 패거리 문화의 악습을 밟는 것 같아 서글퍼집니다.

패배

모든 패배가 다 비참한 것은 아닙니다. 어떤 패배는 장엄하기까지 합니다. 얍복 나루터에서의 야곱의 패배는 장엄한 패배였습니다.

패자의 심정

연패에 연패를 당한다는 건 어떤 맛일까? 프로야구 한화가 13연패의 수치스런 대기록을 세웠습니다. 죽을 맛일까요, 쓰디 쓴 맛일까요? 아니면 괴로운 맛이었던가요? 지고 또 지고, 또 지고, 이렇게 13번이나 연패한 그 심정을 누가 이해하려나요. 승자만이 각광을 받는 사회에서 루저들의 슬픈 사연을 누가 이해하려나요. 패자의 하나님이 시기를 기뻐하신 하나님이 복음(좋은 소식)의 주어입니다.

평신도

병원에 가서 검사를 받으면 성한 곳이 하나도 없고 자동차 정비 공장에 오면 교체하고 갈아야 할 것이 많다고 합니다. 물론 협박도 틀린 말도 아니겠지만 도대체 언제 어디서 어느 정도 고치고 갈아야 하는지 헷갈립니다. 이것이 평신도의 슬픔입니다.

병원에 가서 검사를 받으면 성한 곳이 하나도 없고 자동차 정비 공장에 오면 교체하고 갈아야 할 것이 많다고 합니다. 물론 협박

풍도기

길 위에서 길을 묻는 나그네에게 "바람 잦을 날이 없는 인생 길 위에서 기도하며 걸어왔고 앞으로도 기도하며 걸을 것입니다(풍風, 도道, 기祈)"라고 말해주고 싶습니다.

풍랑

크리스천의 믿음은 풍랑에 관한 것이 아니라 풍랑에 대한 두려움에 관한 것입니다. 따라서 온전한 믿음은 풍랑을 물리치는 것이 아니라 풍랑에 대한 두려움을 물리칩니다(막 4:40).

피로
사회

철학자 한병철은 자신의 저서 《피로사회》에서 '신경정신적 질병'이라는 은유로 포스트모던 시대의 특징을 말합니다. 노이로제, 신경쇠약, 탈진, 우울증, 무력감과 같은 현상입니다. 이런 신경정신적 현상은 성과사회의 또 다른 부정적 이름인 피로사회의 병리적 증후군들이라고 합니다. 모두 바깥에서 오는 부정성이 아니라 자체 안에서 발생하는 부정성들입니다. 다음과 같은 보드리야르의 문구는 이 사실의 정곡을 찌릅니다. "같은 것에 의존하여 사는 자는 같은 것으로 인해 죽는다." 이질적인 것, 낯선 것뿐만 아니라 같은 것도 폭력의 원천이 될 수 있다는 말입니다.

피조물의 탄식

지구가 단단히 열 받았나봅니다. 도대체 왜 인간들은 이렇게 지구를 열 받게 하는가요? 열대우림 파괴, 이산화탄소 과다 배출, 사막화, 오존층 파괴, 개념 없는 개발, 군비경쟁, 무엇보다 인간의 탐욕이 지구를 뜨겁게 달구고 있습니다. 지구는 전무후무한 고열을 앓고 있습니다. 지구는 지금 인간을 향해 벼르고 있습니다. "피조물이 다 이제까지 함께 탄식하며 함께 고통을 겪고 있는 것을 우리가 아느니라"(롬 8:22).

일상신학사전

ㅎ

하나님의 코

히브리인들은 화가 났을 때 "코가 불그레하다", "코가 빨갛다", "코가 뜨겁다", "코가 달궈져 있다"는 표현을 씁니다. 줄여서 '코'는 '분노', '화'를 뜻합니다. 우리말에도 누군가 화를 낼 때 콧김을 내뿜으면서 씩씩거린다는 표현을 사용합니다. 자연히 콧잔등이 벌게집니다. 한편 쉽게 분노하지 않을 경우 "코가 길다"는 표현을 씁니다. 하나님께서 자신을 가리켜 '노하기를 더디 하는 신(출 34:6)'이라고 하셨는데 문자적으로 번역하자면 '코가 긴 하나님'입니다. 여러분과 제가 아직도 이 세상에 살아남아 있는 이유는 하나님의 코가 길기 때문입니다. 성형수술에 대해선 부정적인 생각을 갖고 있지만 한 가지는 허락하고 싶습니다. 모든 크리스천들의 코는 길어야 합니다. 마음의 성형수술을 해서라도 긴 코를 갖기를 바랍니다.

하나님 왕국

하나님의 통치를 단순히 나와 하나님과의 사적이고 개인적인 차원으로 환원 축소하는 일이 종종 복음주의권의 크리스천들과 목사들에게서 발견된다는 것은 참으로 안타까운 현상입니다. 하나님의 다스림은 그 범위에 있어서 우주적이고 전 세계적임을 기억해야 합니다. 하나님의 통치를 단순히 보이는 지상 교회로 국한시키는 어리석음에서 탈피해야 합니다.

하나님 형상

당근과 채찍이 말에게는 필요한지 몰라도 사람에게는 아닙니다. 사람은 마소가 아니라 하나님의 형상으로 지음 받은 고귀한 존재이기 때문입니다. 사람에겐 언제나 사랑이 필요합니다. 영원히 사랑으로 남아 계시는 하나님을 믿습니다.

하늘의 소망

예수께서 우리 '뒤에도', 우리 '앞에도' 계시다면 우리 '위에도' 계시다는 것을 믿어야 합니다. 우리의 과거와 미래를 감싸고 계신 그리스도께서 지금 저 위에서 우리를 위해 중보하고 계신 것을 믿어야 합니다. 이것이 우리가 하늘에 소망을 두는 이유입니다.

학위

하이에나 같은 몇몇 언론들이 몇몇 연예인들의 석사학위 논문 표절을 파고들어 들춰냈습니다. 배우 김혜수가 유탄에 맞았지만 그녀는 누구처럼 지저분하게 질질 끌지 않고 12년 전에 받았던 석사학위를 쿨하게 자진 반납했습니다. 문제는 한국의 특수대학원에서 석사학위를 받은 사람들 상당수가 이 일에서 자유롭지 못하다는 사실입니다. 학교 현장에서 이런 일들을 보고 있는 사람으로서 이건 아닌데 하는 자괴감에 속이 상합니다.

<h1>한국어</h1>

어느 분이 기도 중에 "하나님! 영광을 거두소서"라고 합니다. 무슨 뜻인 줄은 알겠지만 문자적으로 "이 회중에서 당신의 임재(영광)를 거두어 가소서" 처럼 들립니다. 하나님의 영광*kabod*이 필요한 예배에서 '이카붓(영광 없다)' 이기를 바라다니! 우리말은 역시 어렵습니다! "하나님의 영광이 이스라엘에서 떠났다 하고 아이 이름을 이카붓이라 하였더라"(삼상 4:21 참고).

한자어

한글의 명사형 상당수는 한자어입니다. 따라서 표의문자表意文字입니다. 한글 성경은 엄청나게 많은 한자어를 포함하고 있습니다. 한글 성경이라도 제대로 독파하고 독해할 수 있다면 한국 크리스천들의 신앙적 문맹률을 상당히 치료할 수 있을 것입니다.

한 줄기

역사는 개인의 역사든, 교회의 역사든, 인류의 역사든, 그 실상을 들여다 보면 냄새나는 쓰레기장처럼, 폐업 신고한 너저분한 공장처럼, 뒤엉킨 실타래처럼 뒤죽박죽 엉망진창입니다. 그 어디에도 주제선율이 흐르는 것 같지 않습니다. 신앙은 이런저런 길이로 무분별하게 끊어져 뒤엉킨 것처럼 보이는 실타래 안에 끊어지지 않고 이어지고 있는 한 줄기 희망의 끈이 있음을 믿고, 그 끈을 찾아가는 외로운 발걸음입니다.

한 끝
차이

대장 마귀가 졸병 마귀에게 명을 내렸습니다. 기독교인의 사전에서 토씨 하나를 바꾸면 천당perfect world이 분당broken world으로 변할 수 있는 단어 하나를 찾아오라고 한 것입니다. 마침내 찾았다는 전갈이 왔습니다. "그럴 수도" vs "그럴 수가" 한 끝 차이가 모든 것을 바꾸어놓을 수 있습니다.

합창과 제창

5월 18일입니다. 〈임을 위한 행진곡〉을 소리 내어 불러보았습니다. 이 곡은 합창으로 부르는 것보다 제창으로 불러야 제맛이 나는 것 같습니다. 누군가 보훈처장과 대통령에게 합창과 제창의 차이를 가르쳐주었으면 합니다.

항복

무릎 꿇는다는 것은 항복한다는 것입니다. 항복은 언제 내려칠지 모르는 적장의 서슬 퍼런 양날 선 칼에 자신의 목을 내어 놓는 것입니다. 머리를 숙이고 있는 순간은 영원한 것처럼 느껴집니다. 얼마나 흘렀을까요? 어느 순간 "고개를 들라"는 꿈같은 목소리에 넋을 잃게 됩니다. 기도가 은혜의 방편이 되는 순간입니다. 무릎 꿇고 기도한다는 것이 이런 것입니다.

해장국

속이 쓰리다, 속이 상하다, 애간장이 타다
는 뜻을 지닌 히브리어 *rehem*가 있습니다.
이 단어는 일반적으로 '긍휼'로 번역됩니
다. '긍휼'로 번역된 히브리어는 보기에 애
처롭다, 불쌍해서 어쩔 줄 모르겠다, 애간
장이 타다, 속이 타다, 저렇게 하면 안 되는
데, 라는 생각이 들자 속이 쓰리고 상하다
라는 뜻을 지닙니다. 졸업하는 신학대학원
학우들을 바라보니 광야로 내보내는 심정
이라 마음이 그렇나는 것입니다.

햇볕

마음의 대문을 열고 들어가보면 왜 이리 창고와 헛간들이 많은지요? 마치 수납장 많은 것을 좋아하는 주부처럼 내 마음에도 수납 공간들이 많은 것 같은데, 대부분 오래된 것들을 처박아 두어 햇볕 들어온 지 정말 오래되었습니다. 여기저기서 곰팡이 냄새가 납니다. 햇볕에 내어다 말려야겠습니다.

햇볕과 강풍

옛날 박정희 대통령 시절, 북한이 남쪽을 향해 불바다 운운할 때 박통은 "미친 개에겐 몽둥이가 제일"이라고 한 적이 있습니다. 지금 그의 딸 박근혜 대통령은 북한 김정은의 수위 높은 전쟁 운운 협박에 대해 "어린놈에겐 사탕이 제일"이라고 말해야 하는 것 아닌가요? 햇볕이 강풍을 이긴다는 이솝우화는 인간사의 모든 국면에 천편일률적으로 적용될 수 있을까요? 국제정세에서도 사랑이라는 신석 처방이 통할는지는 두고 보아야겠습니다.

행성들

각기 정해진 길을 따라 오늘도 한 치의 오차도 없이 부지런히 자기의 트랙을 달리는 하늘의 해와 달과 별들과 수많은 행성들을 기억해보십시오. 그들은 말없이 창조주의 위대한 지혜와 권능과 신실하심을 만방에 널리 증거하고 있습니다. 그런데 하나님의 형상으로 지음을 받은 인간 세계는 왜 이리 시끄러운 것일까요? 왜 이리 탈선과 일탈이 많은 건가요? 시간을 내어 F. J. 하이든의 〈천지창조〉를 들어보세요(찬송가 78장 참고).

허상

햇빛이라고 다 똑같은 햇빛은 아닙니다. 색
감과 느낌과 분위기와 밀도와 질감이 매일
매 순간 다릅니다. 어떤 사람도 항상 동일
하지 않습니다. 그러므로 사람에 대한 편견
은 허상일 때가 많습니다.

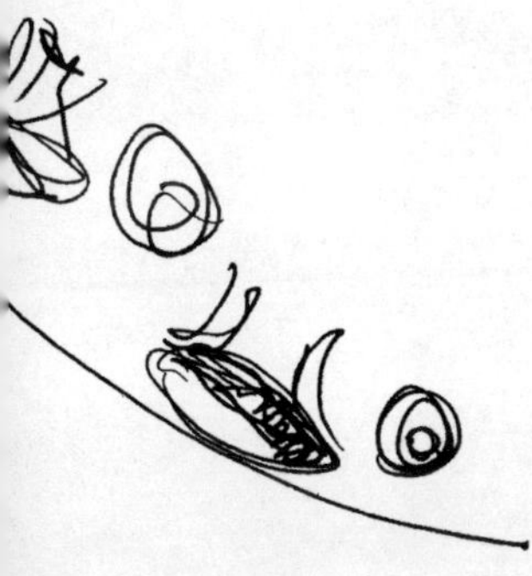

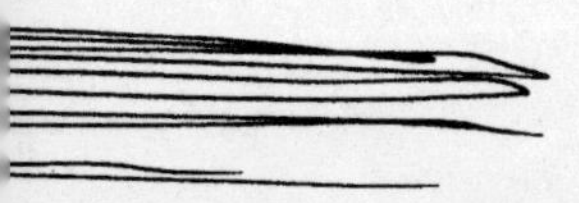

현대
문화

현대 문화의 자기중심적 경향성은 자연스럽게 자기중심적 종교를 생산하는 촉매제가 되었습니다. 자기만족과 행복을 위해 종교와 신앙이 필요하게 되었다는 말입니다. 예수의 복음은 매력적으로 포장되어 소비자의 구미에 맞게 공격적으로 판매되는 상품이 되었습니다.

현수막

어느 교회당 건물에 걸려 있는 플래카드가 눈에 들어왔습니다. "성령님, 환영합니다!"라고 쓰여 있었습니다. 잠시 생각해보았습니다. "언제 성령님이 가출했었나?" 아마 성령님이 이렇게 말씀하실 것 같았습니다. "야, 내가 언제 집을 나간 적이 있었어? 집을 나간 것은 너였거든!" 그 교회당 대문에는 이런 플래카드가 걸려 있어야 했습니다. "가출한 자녀들아, 집에 돌아온 것을 환영한다!"

현실

헨델의 오라토리오 〈메시아〉의 유명한 코러스 〈할렐루야〉가 있습니다. 〈메시아〉의 2부의 마지막 곡인 〈할렐루야〉는 사탄의 몰락과 메시아의 영원한 통치를 찬양합니다. 그런데 왜 헨델은 다시 3부를 시작하며 "내주는 살아 계심을 나는 압니다!"라는 욥의 고통스런 고백으로 다시 돌아가는 것일까요? 아직 우리는 천상에 도달한 것이 아니라 깨어지고 고통스런 세상 속에 살고 있다는 것을 다시금 상기시켜주기 위해서입니다.

현자

지혜자는 세상 물정을 알면서도 순수한 사람이지만 우매자는 세상 물정을 모른 채로 살아가는 순진한 사람입니다. 세속에 살면서도 세속화되지 않는 사람이 현자賢者입니다. 순수성을 잃지 않기 위해 세속사회를 떠나는 사람은 어리석은 사람입니다.

현장
체험

창문 너머로 시원하게 쏟아지는 비를 바라
보는 것과 거리에서 세찬 비를 맞는 것은
하늘과 땅 차이입니다. 낭만과 현실은 달라
도 한참 다릅니다. 현장을 이해하는 학문이
되었으면 좋겠습니다. 상아탑의 신학이 아
니라 교회를 위한 신학이 되었으면 좋겠습
니다. 애처롭게 폭우를 뚫고 걸어가는 한
여자의 찢어진 우산을 내려다 보며 드는 생
각이었습니다.

혈연과 언약

"봄볕에는 며느리를 내어보내고 가을볕에는 딸을 내어보낸다"라는 말은 우리 사회가 "피는 물보다 진하다"라는 속담을 뼛속 깊이 아로새긴 혈연 중심의 사회임을 잘 보여주는 끔찍한 속담입니다. 며느리도 다른 집의 귀한 딸이란 평범한 사실도 모르는 멍청한 인간들 같으니라고! 기독교의 가르침은 물이 피보다 더 진하다고 합니다. 세례의 물로 연결된 언약 공동체는 자연주의적 혈연 공동체보다 더 영속적입니다.

형성

퀸즈파크 레인저스에 박지성이 있다고 해서, 한화에 김태균이 있다고 해서 연패를 막지는 못합니다. 축구든 야구든 혼자 하는 경기가 아니기 때문입니다. 팀의 견실성은 혜성같이 나타난 한 인물 때문에 세워지지 않습니다. 학교나 교회도 마찬가지입니다. 오랫동안의 강인한 훈련밖엔 다른 길이 없습니다. 인격은 습관을 통해 만들어지듯이 법인(법적 인격)도 어떤 정신과 기상 아래서 오랜 기간에 걸쳐 형성됩니다.

호롱불

엊그제 45년 전 나의 청소년기를 보냈던 집엘 찾아가보았습니다. 가난하였지만 저 집에서 호롱불을 밝히며 미래에 대한 꿈을 가꾸었던 영혼의 안식처였습니다. 세월의 버거움을 견디지 못하여 누덕누덕하게 되었지만 나에겐 남다른 추억이 새록새록 떠올랐습니다. 아무리 추운 겨울이라도 크리스마스만 있으면 견딜 만하다고 하지 않았던가요.

혼돈

흑암과 깊은 물들은 창조세계의 끝자락에 붙어 있는 이물질들입니다. 그것들은 부단히 질서정연한 창조세계를 침공하여 모든 것을 파괴하려 합니다. 얼마 동안은 그것들의 공격이 성공한 듯 보일 것입니다. 그러나 창조적인 말씀으로 만물을 붙들고 계신 그분 안에 모든 것들은 마침내 아름다운 통일과 조화를 이룰 것입니다. "땅이 혼돈하고 공허하며 흑암이 깊음 위에 있고 하나님의 영은 수면 위에 운행하시니라"(창 1:2).

환대

다른 사람을 환대하는 것은 곧 그리스도를 환대하는 것입니다. 당신은 그리스도의 몸(교회)의 지체이기 때문입니다. 환대를 받아 본 사람만이 환대를 할 수 있을 것입니다.

회개

회개는 우리가 마땅히 서 있어야 할 트랙이 아닌 다른 트랙 위에 서 있다는 사실을 인식하고 빨리 자기 트랙으로 되돌아가 처음부터 다시 달리기를 시작하는 것입니다. 이런 의미에서 회개는 일종의 '죽음을 겪는 과정'입니다.

회개의 영

성령은 여러분을 방방 뜨게 하는 분이 아닙니다. 성령은 외향적인 일을 하시는 분도 아닙니다. 성령은 우리의 속이 얼마나 더럽고 추악하고 더러운지를 밝히 비춰 알려주는 분이십니다. "성령이여 강림하사 애통하고 회개한 마음 충만케 하옵소서"(찬송가 190장).

회고

보따리를 들고 쫓겨난 아담과 하와는 낙원
의 대문을 나와 뒤돌아보고서야 비로소 그
들이 살았던 곳이 낙원이었음을 알게 되었
습니다. 분당에 살아보니 천당이 그리워지
겠지요. 분당을 천당으로 생각하는 사람들
에겐 고향에 대한 애틋한 그리움은 없을 것
입니다.

회복

하나님은 깨져 산산조각 난 당신의 마음을 치유하실 것입니다. 그러나 깨진 조각을 모두 다 모으신 다음에 그리하실 것입니다. 그때 비로소 온전한 회복이 옵니다. "여호와는 마음이 상한 자를 가까이 하시고 충심으로 통회하는 자를 구원하시는도다"(시 34:18).

회상

《그대 다시는 고향에 못 가리》는 미국의 저명한 작가 토머스 울프의 소설입니다. 소설의 마지막에 주인공 웨버가 말합니다. "당신은 당신의 가족에게로, 당신의 어린 시절로 돌아갈 수 없습니다. … 당신은 젊은 날에 꿈꿨던 영광스런 삶과 유명해지는 꿈들로 돌아갈 수 없습니다. … 당신은 한때는 영원한 듯 보였지만 지금 보니 늘 변화해가는 옛 형식들과 체계들과 제도들로 돌아갈 수 없습니다. 당신은 시간과 기억의 도피처로 돌아갈 수 없습니다. … 나는 이제 다시 집으로 돌아갈 수 없다, 영원히 돌아갈 수 없다는 사실을 알게 되었습니다. 되돌아가는 길은 없었습니다." 그는 인생의 불편한 진실을 발견하였던 것입니다.

흉물

영혼이 떠난 육체처럼 하나님이 떠난 교회의 모습은 흉물스럽습니다. 예루살렘 성전의 흉물스러움은 거룩함을 돈으로 환전할 수 있다고 생각한 사람들로부터 시작되었습니다(요 2:14-16).

흐지부지

한국 사람들은 전쟁 발발일을 기념하고 서양 사람들은 전쟁 종식일을 기념합니다. (1950년 6월 25일은 전쟁 발발일이고 1953년 7월 27일은 정전일입니다.) 왜 그럴까요? 일을 벌이기는 좋아하지만 일을 마무리하는 일에는 관심이 덜한 습성 때문인가요. 이벤트성 프로그램이 고갈하면 또 다른 것을 찾아다니는 목회자들의 서글픈 모습을 보면서 떠오르는 생각이었습니다.

희망

사람은 희망 없인 살 수 없어요. "겨울이 아무리 길고 혹독하게 춥다 하더라도 크리스마스만 있다면 견딜 수 있어요! 크리스마스 없는 겨울은 상상할 수 없습니다." _C. S. 루이스의 《사자와 마녀와 옷장》 중에서.

힘

하나님은 문제를 해결해주시는 분이 아니라 문제를 견뎌낼 수 있는 힘을 공급해주시는 분입니다. 이세벨의 칼날을 피하여 광야 깊숙한 곳으로 도주했던 엘리야에게 하나님은 문제의 핵심인 이세벨을 제거하겠다고 말씀하시는 대신에 천사를 보내어 엘리야에게 떡과 물을 주셨습니다. 하나님은 문제 해결사가 아니라 힘과 용기를 공급하시는 분입니다. "여호와의 천사가 또 다시 와서 엘리야를 어루만지며 이르되 일어나 먹으라. 네가 갈 길을 다 가지 못할까 하노라 하는지라. 이에 일어나 먹고 마시고 그 음식물의 힘을 의지하여 사십 주 사십 야를 가서 하나님의 산 호렙에 이르니라"(왕상 19:7-8).

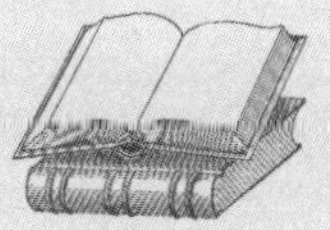

바로 나 자신에게 묻고 답하는 시간

가을
기도

가치

감사

거짓말

겨울

겸손

경건

구원

기억

기적

기회

긴
토요일

나귀

나이

낙타의
눈

눈물

달리기

대림절

덕담

동굴

동행

두려움

들풀

라이벌

마무리

마음

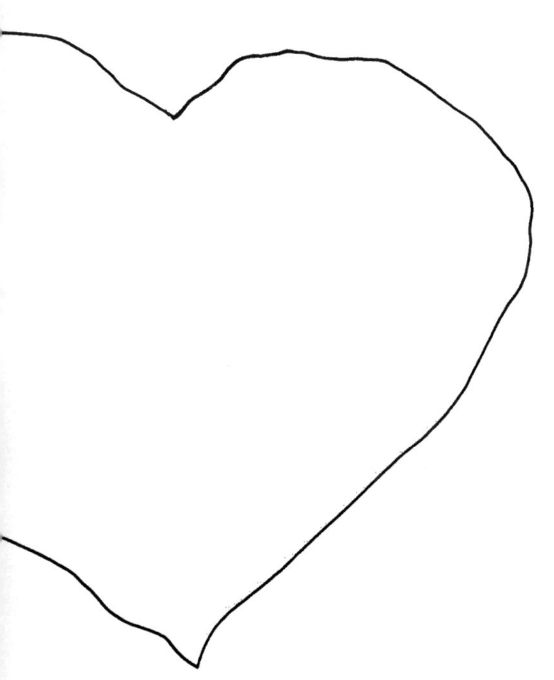

목회자

무덤

무지개

바늘구멍

바람

비오는
날

사랑

선물

설교자

성찬

소통

신비와
기독교

신앙

십자가

실천

아버지의
기도

아가페

얼굴

여유

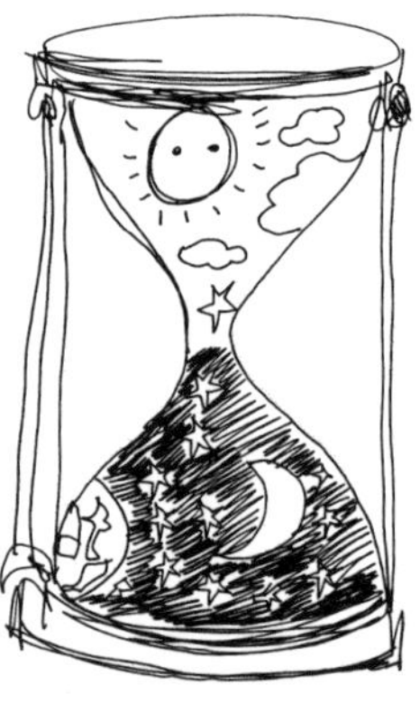

염려

온유

왕진
가방

위로

일상

자기애

저항

정의와
평화

종교개혁

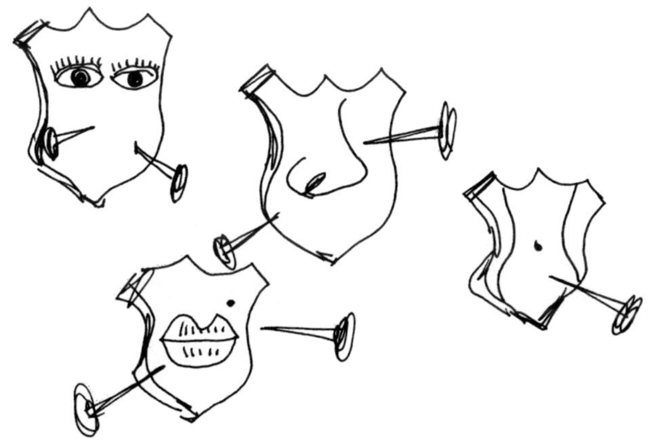

주인

출애굽

침묵

크리스천
의 삶

탄식

풍랑

하나님의
코

힘

신앙은 여정입니다.
같은 방향으로 오랫동안 순종하며 걷는 것입니다.
똑바로 걷되 우아하게 걷는 일입니다.